불변의 마케팅
The Eternal Marketing

不変のマーケティング
HUHEN NO MARKETING

Copyright © 2014 by Masanori Kanda
First published in Japan in 2014 by FOREST Publishing Co., Ltd.
Korea edition rights arranged with FOREST Publishing Co., Ltd.
through Shinwon Agency Co.

THE ETERNAL
불변의
마케팅
MARKETING

간다 마사노리 지음 | 이수미 옮김

두드림미디어

- 세대를 이어 새로운 현실을 열다 -

'전설의 구성원' 실천이 여기에 있다

여러분이 지금부터 열중해서 읽게 될 원고는 10년 이상이나 전에 쓰인 글입니다.

비즈니스, 특히 마케팅이라는 기술혁신이 치열한 분야에서 10년 전의 글은 이제 박물관에서 화석을 보는 것과 같습니다.

하지만, 잠깐만요!

페이지를 척척 넘기다 보면 알 수 있을 것입니다. 몇 페이지 뒤에 시작하는 문장은 여전히 살아 움직이고 있습니다. 자르면 피가 뿜어져 나올 정도이고, 당신이 방심하고 있으면 덤벼들 것입니다.

내용은 딱 이 책의 가격 정도만 담겼습니다. 가방에 넣어서 가볍게 들고 다닐 수 있습니다. 하지만 만만하게 보면 곤란합니다. 당신이 손에 들고 있는 것은 바로 이 덩어리입니다.

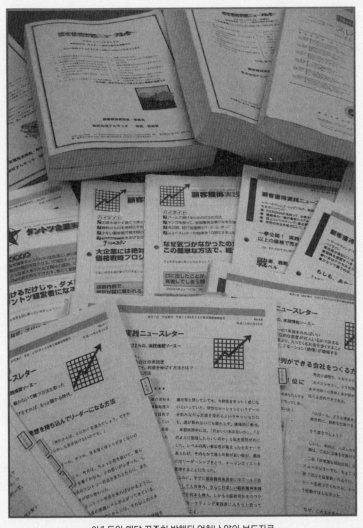

6년 동안 매달 꾸준히 발행된 엄청난 양의 보도자료

솔직히 이것은 한 손으로 들 수 있는 무게가 아닙니다. 50살(일본에서 이 책이 출간됐던 2014년 기준)을 눈앞에 둔 제가 들면 허리를 다칠 위험이 있을 정도입니다. 무거운 것은 종이의 두께뿐만이 아닙니다. 4,000명이 넘는 경영자들이 6년 동안 열심히 실천하고 체험한 분량입니다. 이 책은 당신이 평생 풍요롭게 살 수 있게 하는 방법론과 비즈니스의 영혼에 불을 붙이는 글을 엄선해서 압축해놓았습니다.

이 책에 포함된 사업 방법 가운데 일부를 열거해 보겠습니다.
● 고객의 '머릿속'을 읽고 확실하게 구매로 연결하는 방법
● 매출이 단숨에 6배나 늘어나는 광고 표현 방법
● 다른 회사의 고객 명단을 이용해 돈을 버는 방법

심지어,
● 순식간에 당신의 비즈니스 상품을 반짝이게 하는 장치
● 당신 회사의 팬을 단숨에 늘리는 구조 만들기
● '매출을 올리는 글'을 쓰는 방법
등등….

이 기술들은 탁상공론이 아니라 4,000개가 넘는 회사의 경영자가 매

달 광고비를 투입하며 현장에서 실천한 결과물에서 나온 것입니다.

　이 4,000개의 기업은 지금은 전설이 된 '고객획득실천회(약칭 '실천회')'의 회원입니다. 1998년부터 2004년까지 약 6년간 진행된 활동에서 우리의 실천으로 인한 매출 증가는 적어도 3,000억 엔을 밑돌지 않을 것입니다.

시간이 지날수록 효과를 발휘하는 노하우

　이 책에 쓰인 제 마케팅 방법의 대부분은 인터넷 전성기 전, 컴퓨터보다 인간과 마주하는 시간이 절대적으로 더 길었던 아날로그 시대에 실천·개발됐습니다. 그러니 지금 시대에 과연 도움이 될까 싶었습니다. 그래서 저는 약 7년 전에 이 원고를 창고 깊숙이 봉인했습니다. 그 뒤로는 아무도 보지 못했습니다. 하지만 시간이 흘러 뚜껑을 열어보니 인터넷 전성기라서 더욱 쓸 수 있는 본질적인 노하우가 무르익어 있었습니다.

　도대체 왜 아날로그 시대의 방법이 디지털 시대에 더 효과를 발휘하는 것일까요? 그 이유를 당신이 알 수 있도록 과거 15년간의 마케팅 변천을 빨리 보여드리겠습니다.

　인터넷이 본격적으로 등장하기 전에는 'TV광고를 낼 수 있는가?' 이

것이 사업을 성장시키기 위한 결정타였습니다. 광고를 내면 회사의 인지도가 높아집니다. 그 결과 고객은 매장에서 그 회사의 상품을 장바구니에 넣게 되고, 그 회사 영업사원이 방문하면 믿고 문을 열어주게 됩니다.

하지만 TV광고를 통해 매출 효과를 높이려면 최소한 5억 엔 정도의 예산을 배정해야만 했습니다. 중소기업에서 이러한 예산이 나올 리가 없습니다. 그래서 그들은 어쩔 수 없이 대기업의 하청 업체로서 해마다 거세지는 가격 인하 요구에 계속 고개를 숙이고 있었습니다. 이 상황은 저도 마찬가지였습니다.

그 당시 저는 미국의 대기업 가전 브랜드의 일본 지사장을 맡고 있었습니다. 일본 지사장이라는 직함을 가지고 있었지만, 실제 상황은 1인 사무소였습니다. 일본에 제가 맡은 가전 브랜드의 시장이 전혀 없는 상태에서 개척해야만 했습니다. 일본용 상품조차 없어서 대형 소매점이 거래해줄 리가 없었습니다. 그런데도 '3개월 이내에 매출을 올리지 않으면 해고. 예산도 제로'인 상황이었습니다. 제가 미국의 경영대학원에서 배운 지식은 이미 형성된 사업을 경영하는 데는 도움이 되지만, 온전히 처음부터 사업을 시작하는 데는 전혀 도움이 되지 않았습니다.

갓 태어난 아기가 있는 저는 회사에서 쫓겨날 수 없었습니다. 그래서 어떻게 하면 돈을 들이지 않고 고객을 끌어모을 수 있을까 고민했습니다. 그러다 미국 출장길에 우연히 들렀던 서점에서 '다이렉트 마케팅'이

불변의 마케팅

라는 분야를 발견했습니다. 다이렉트 마케팅은 스스로 판매하지 않아도 상대방에게 팔아달라고 부탁하는 방법이었습니다.

핵심은 '언어를 사용하는 방법만으로 매출이 2배 차이가 난다. 이 방법을 배우면 광고할수록 수익이 높아진다'라는 것입니다. 저는 그렇게 좋은 방법이 있을 리가 없다고 여겼지만, '만약 사실이라면 회사에서 쫓겨나지 않을 수 있겠다'라는 생각에 그 방법에 흥미가 생겼습니다.

영업 경험이 전혀 없는데 불티나게 매출을 올리다

미국의 다이렉트 마케팅은 이미 100년이 넘는 역사가 있습니다. 땅이 넓은 미국에서는 소매점의 유통망이 제한되어 있어서 1920년대부터 신문광고를 통한 통신판매가 이루어졌습니다. 이 경험으로 당시 광고사들은 말 한마디 선택의 차이로 인해 매출이 크게 좌우된다는 것을 발견했습니다. 어떤 단어, 어떤 혜택, 어떤 배치를 사용했을 때 사람들이 광고에 반응하는지에 대한 방대한 데이터를 축적하기 시작했습니다. 그 결과, 언어의 선택을 통해 고객의 반응을 끌어냄으로써 매출과 직결되는 광고 기법이 발전했습니다.

저는 이 방법을 일본에 들여와 본사 몰래 실험을 시작했습니다. 그 결과 광고에 대한 반응이 폭발했습니다. 지금까지 무엇을 해도 가타부타 말이 없던 광고에 갑자기 수백 개의 카탈로그 요청이 들어오기 시작했습니다.

저는 흥분했습니다. 억대의 TV광고가 아니라 10만 엔짜리 작은 신문 광고를 내거나 5만 엔의 예산으로 팩스를 보내는 것만으로, 제 상품에 관심이 높은 잠재 고객을 끌어들일 수 있었습니다. 제 연락을 기다리는 고객만 응대하다 보니 영업 경험이 전혀 없는 저조차도 불티나게 매출을 올리기 시작한 것입니다.

밤낮을 가리지 않고 매출을 올리기 위한 마케팅에 몰두했습니다. 정신을 차리고 보니 40피트 컨테이너에 담긴 가전제품을 매달 몇 개씩 수입하기 시작했습니다.

저는 당시 아무도 몰랐던 이 마케팅 방법을 이번에는 거래처인 건설 회사와 실천하기 시작했습니다. 그랬더니 이번에는 가전제품이 아니라 고급 주택이 통째로 팔려나가는 것이 아니겠습니까! 꿈인가 싶어서 제 뺨을 꼬집어 보기도 했습니다. 1997년 말의 일이었습니다.

하지만 꿈은 오래가지 못했습니다.

대불황, 대변혁, 그때마다 진화하는 방법론

거품 붕괴에서 회복될 조짐이 보이던 경기는 이해에 다시 급속히 악화됐습니다. 모두가 망할 리 없다고 믿었던 대형 증권사들마저 하루아침에 경영 파탄이 났습니다.

제가 이끌던 사업도 엔화 약세로 수익성이 떨어졌습니다. 본사에서는 아시아 전략을 변경했고, 저는 사업을 청산하고 직장인으로서의 경력이 끝났습니다.

무엇보다 중소기업이 입은 타격은 매우 심각했습니다. 대기업 수주가 급감했을 뿐만 아니라 당시 광고대행사의 요청에 따라 내놓던 전단이나 DM에 대한 문의도 뚝 끊겼습니다.

사방이 막힌 상황에서 저는 다이렉트 마케팅이 돌파구가 될 것이라고 확신했습니다. 그 방법론을 실천하고 결과를 공유하는 회원제 조직인 '고객획득실천회'를 설립했습니다. 얼마 지나지 않아 주택건설, 음식, 의료, 세무사, 회계사, 관혼상사, 유통을 비롯한 모든 업종에서 저예산으로 성과를 거둔 사례가 나타났습니다.

이렇게 함께 개발한 '실천회 방법'은 2001년 이후 디지털로 번졌습니다.

당시 인터넷 사업은 초창기였습니다. '과연 전자 상점에서 물건이 팔릴 수 있을까?'에 대한 논의가 진지하게 이루어졌을 때입니다.

여성의 수영복 사진을 올리려고 할 때 홈페이지에 올린다든지, 배너 광고를 내야 한다거나 업데이트 빈도를 높여야 한다든지 등 여러 의견이 분분했지만, 실제로는 무엇을 어떻게 해야 매출을 올릴 수 있을지 누구도 알지 못했습니다.

이런 상황에서 실천회 방법은 실제로 매출을 올리기 시작했습니다. 매출로 이어진 전단을 바탕으로 홈페이지 하나를 만들었습니다. 사진을 넣으면 홈페이지가 무거워지므로 글뿐이었습니다. 그러자 마치 자판기처럼 거의 손을 대지 않고 매출이 오르기 시작했습니다.

현재 일본에서 최대 고객 수를 확보한 인터넷 종합 서비스 업체인 '라쿠텐'이 당시 인터넷 쇼핑몰을 시작했고, 라쿠텐 연수회에서는 제가 출간한 《당신의 회사가 90일 안에 돈을 번다!》, 《60분·기업일류화프로젝트》가 필독서로서 추천되고 있었습니다. 그 후, 라쿠텐 쇼핑몰의 판매 방법은 일본의 모든 인터넷 쇼핑몰에 큰 영향을 미쳤습니다. 현재 효과적인 상품 판매 페이지로 정착하고 있는 원리 원칙인 '카피라이팅, 상품의 장점을 내세우는 방법, 고객의 목소리를 보여주는 방법, 문장 전개 프로세스, 혜택 및 보증의 제시 방법' 등은 근원을 따져 보면, 실천회 방법을 모태로 하고 있다고 해도 과언이 아닙니다.

시대가 다이렉트로 바뀔수록 실천자가 늘어간다

물론 지금까지 말해온 15년간의 마케팅 역사는 저 혼자 이룬 것이 아닙니다. 저는 단지 하나의 계기를 만들었을 뿐입니다. 제 책에 자극받은 사람들이 각각의 업계에서 실천하며, 아날로그 경험을 디지털로 살려 갔습니다. 인터넷의 보급과 함께 판매자와 구매자의 거리가 점점 가까워지고, 당시 소수파였던 다이렉트 마케팅은 마케팅의 표준이 되어갔습니다.

저의 제자가 생기고, 그 제자가 제자를 만들고, 그 제자의 제자가 다시 제자를 만들었습니다. 이제 기술의 최첨단을 실천하고 있는 사람들은 4세대에 접어들었습니다.

여러분은 '그렇다면, 이런 10년도 전에 쓰인 방법보다 지금 결과를 내는 최첨단 방법을 배우는 게 좋지 않을까? 그게 더 새로운 방법이니까'라고 생각할 수 있습니다. 그렇게 생각하는 것도 당연합니다. 사실 저도 지금 30대 마케터들에게 다양한 기술을 배우고 있습니다.

다만 기억해야 할 중요한 점이 있습니다. 이것은 디지털 분야의 경험만으로는 채울 수 없는 소중한 경험을 아날로그 비즈니스를 통해 배울 수 있다는 것을 의미합니다. 그리고 그것들이 합쳐지면 비로소 세대를 뛰어넘는 '거대한 공동의 꿈'이 실현되기 시작합니다.

빅데이터 시대에 요구되는 비즈니스 감성은?

매출을 빨리 올리고 싶다면, 디지털이 가장 효율적입니다. 한여름에도 땀을 흘리지 않고 컴퓨터 화면상의 변해가는 숫자만 바라보면 됩니다.

디지털에 비하면 아날로그는 사실 비효율적입니다. 설령 눈이 내리더라도 전단을 한 장, 한 장 돌리러 가야 합니다. 초인종을 누르면 개가 짖고 전화를 걸면 툭 하고 끊어집니다. 경쟁 회사의 괴롭힘, 억지스러운 고객들의 불만…. 그런 식은땀의 연속 끝에 고객이 기뻐했을 때의 웃는 얼굴…. 이러한 프로세스로 체험해 쌓은 방법은 분명히 말씀드리지만 **'불변'**입니다. 빅데이터 시대에도 그것은 인간의 활동을 몸에 각인시킬 수 있는 본질적인 강점이 있습니다.

마케팅 기술은 빠른 속도로 발전하고 있습니다. 고객 데이터를 분석해 가장 큰 이익을 얻으려는 시도는 마치 파생상품을 개발해 연금술을 하는 금융공학과 마찬가지로 마케팅공학으로 가는 단계에 접어들었습니다.

하지만 아무리 복잡한 알고리즘을 조합하더라도 비즈니스는 결국 사람과 사람 사이의 경영입니다. 고객이 당신의 상품을 사줄지, 아닐지는 화면 위에 흐르는 숫자의 배경에서 고객의 숨결을 느낄 수 있느냐에 달려 있습니다.

　매출을 올리기 위한 감성은 아저씨인 저도 요즘 세대에게 지지 않을 정도로 뜨겁습니다. 이러한 뜨거운 감성은 지금의 디지털 활용력이 높은 비즈니스맨과 만났을 때 '최강'이 됩니다.

　세대를 넘나드는 지식 공유를 통해 새로운 세계를 빠르게 구축할 수 있습니다.

　따라서 이 책은 고등학생부터 은퇴한 아버지에 이르기까지 폭넓은 세대가 읽어 주셨으면 합니다. 지금까지 비즈니스 책에 관심이 없었던 사람도 책장을 넘기면, '아, 비즈니스라는 게 이렇게 자극적이었구나!' 라면서 몸이 달아오르기 시작할 것입니다.

세대를 초월한 지혜를 잇는 조건

　'아날로그 시대에 배양된 비즈니스 감성을 디지털 시대의 꿈의 비전을 실현하기 위해서 계승한다'라는 것이 이 책의 목적이지만, 이를 계승하기 위해서는 한 가지 조건이 있습니다.

　어느 회사에 근무하는 남성이 소속된 사업부의 매출 확대를 심각하게 고민하고 있을 때의 일입니다. 그는 사장에게 불려가 다음과 같은 말을 들었다고 합니다.

"자네, 매출을 확대할 의욕이 있다면, '실천회 방법'을 보여주겠네."

그 사장은 '실천회 방법'을 통해 회사의 연간 매출을 7억 엔에서 21억 엔까지 성장시킨 인물이었습니다. 사장은 의욕이 있는 사람에게만 '실천회 방법' 문서를 보여줄 수 있다고 했습니다. 저도 같은 생각입니다.

이 책에는 실천 사례들이 많이 실려 있습니다. 제가 원고를 쓴 지 10년이라는 세월이 흘렀음에도 불구하고, 사례 제공자로부터 이번에도 흔쾌히 게재를 허가받았습니다. 그것은 그들이 자기 경험이 독자들에게 계승된다면, 세상이 분명 좋아질 것으로 믿기 때문입니다. 왜냐하면 그들은 고객이 행복하고, 직원이 행복하며, 가족이 행복할 것을 알기 때문입니다.

지금의 비즈니스는 세상을 바꿀 수 있는 가장 강력한 도구입니다. 정치도, 행정도, 종교도, 교육도, 어느 분야든 빠르게 변화하려면 자금이 필요합니다. 그 자금을 만들 수 있는 존재는 오직 비즈니스맨밖에 없습니다. 그래서 사회는 한 사람이라도 더 많은 실질적인 비즈니스 리더가 필요합니다. 4,000명 이상의 실천자들이 독자들에게 바라는 소원은 단

불변의 마케팅

하나입니다.

“실천해서 당신의 재능을 살리고, 혜택은 사회에 돌려주세요."
이것이 이 책의 방법을 실천하는 사람이 반드시 갖춰야 할 조건입니다.

간다 마사노리(神田昌典)

마케팅을 배우고 있는 사람이라면 간다 마사노리의 책은 꼭 읽어봐야 한다고 생각합니다. 그의 수많은 책 중에서 《불변의 마케팅》은 반드시 읽어야 할 마케팅 책입니다. 책 제목 그대로 불변하는 마케팅 기법을 배울 수 있기 때문이죠.

이 책은 전설이라 불렸던 간다 마사노리의 '고객획득실천회' 뉴스레터 중에서 마케팅에 관한 해설과 사례를 뽑아내서 지금 이 시대에 필요한 '불변'의 원칙을 정리한 것입니다.

그럼 왜 인터넷 전성기인 지금, 10년도 넘은 원고가 책으로 등장했을까요? 시간이 흐를수록 효과를 발휘하는 노하우, 기억상실증에 걸려도 기억하고 싶은 마케팅의 원칙이 담긴 책이기 때문입니다. 그래서 시대와 상관없이 실천적으로 사용할 수 있는 마케팅 기법을 소개한 책이라고도 할 수 있습니다.

이 책은 아카데믹한 마케팅과는 다른 실천적인 다이렉트 마케팅을 배울 수 있고, 일상에서 직접 사용해볼 수 있는 인사이트가 가득합니다.

기억을 잃어도 기억하고 싶은 마케팅 7원칙

콘텐츠로서의 '카탈로그' 작성법

유명한 'PASONA의 법칙'

이 외에도 당장 오늘이라도 사용할 수 있는 방법이 넘쳐납니다. 마케팅에 관심이 많은 분은 물론이고, 판매에 종사하는 분들에게 적극적으로 추천하는 책입니다.

퍼스널비즈니스협회 회장
나홀로비즈니스 스쿨 대표
서승범

저는 요식업 프랜차이즈 대표 이력을 가진 17년 차 창업전문가이자 마케터이며, 영업회사의 대표입니다. 그리고 저의 '롤 모델', 일본 최고의 마케터이자 경영컨설턴트인 간다 마사노리를 존경하는 사람입니다. 국내에 출판된 간다 마사노리 책은 모든 수단과 방법을 동원해서 수집해 소장하고 있는 극성팬이기도 합니다.

이 책의 추천사를 써달라는 의뢰를 받고 정말 영광스러웠습니다. 이번에는 또 어떤 실전 마케팅 비법을 배우게 될지 기대하며 읽어봤습니다. 역시나 책을 읽는 내내 "와…" 외마디 감탄사를 10번 이상 내뱉고 있었습니다.

마케터로서 간다 마사노리의 마케팅 관련 책을 읽어 본 사람이라면, 각자 독립된 한 권의 책이지만, 내용이 모두 연관되어 있다는 것을 아실 것입니다. 《불변의 마케팅》 역시 그 자체만으로도 내용이 훌륭합니다. 거기에 더해 절판된 책 《90일 만에 당신의 회사를 고수익기업으로 바꿔라》 이론을 적용한 실제 성공 사례를 모아 자연스럽게 내용이 이어집니다. 마지막에는 이번에 재출간된 《입소문 전염병》까지 연결됩니다.

이렇게 간다 마사노리 책은 한 권을 읽으면, 자연스럽게 다른 책을 읽을 수밖에 없습니다. 마치 미리 설계한 듯 우리 마음을 조정하는 진정 최고의 마케터입니다.

마케팅 이론을 다루는 책은 지금도 많습니다. 하지만 실제 적용해서 성공한 사례를 자신 있게 공개하고 알려주는 책은 많지 않습니다. 제가 간다 마사노리 책을 좋아하는 이유입니다. 지금부터 우리는 《불변의 마케팅》, 이 책이 떠먹여 주는 것을 잘 받아먹기만 하면 됩니다.

이 책을 펼쳐보게 된 여러분도 곧 "와…" 소리를 내는 자신을 마주하게 될 것입니다. 또 한 명의 간다 마사노리 팬이 되신 것을 미리 축하드립니다.

㈜특창사 대표
프랜차이즈 창업전문가
이근우

🛒 **제2장　간다 마사노리의 마케팅 필살기**

🛒 제3장　매출 상승의 돌파구를 찾아라!

🛒 제4장　고객을 팬으로 만들어 입소문을 내는 방법

🛒 제5장 ┃ 내가 지은 죄와 벌

· · ·

이 책은 1998년부터 2004년까지 매월 발행된
고객획득실천회(추후 단토츠 기업 실천회)의 모든 뉴스레터에서
저자와 편집부가 엄선한 주제들을 소개합니다.
시계열은 무작위이며, 문장도 당시 저자의 표현 그대로입니다.
현재 시점에서 보면 사례가 오래됐다고 볼 수도 있습니다만,
선별된 내용은 현재에도 효과가 절대적인 불변의 방법입니다.
지혜롭게 살펴보시고, 당시 저자와 실천회의
뜨거운 분위기를 느낄 수 있다면 감사하겠습니다.

– 편집부 –

· · ·

한 통의 DM으로부터
모든 것이 시작됐다

왜 DM을 쓰기 시작했나?

지금이니까 말할 수 있는 저의 독립 당시의 비밀을 고백합니다. 사실 창업한 지 얼마 안 됐을 때 독립자금을 다 써버려서 살기가 힘들었습니다. 퇴직금으로 500만 엔 정도 받는데, 이 중 300만 엔을 쏟아부어 가업(우라와에서 교복 소매업을 하던)을 물려받으려고 했습니다.

예금 통장의 숫자가 점점 줄어들고 있었습니다. 저는 아이 2명을 키우고 있어서 꽤 돈이 들었고, 계산해보니 가진 돈으로는 앞으로 한 달밖에 버틸 수가 없었습니다. 불안했습니다. 가장 큰 고민은 전례가 없었던 통장에 숫자가 거의 안 보이는 생활이었습니다.

고객획득실천회 회원 자격[1]은 도대체 얼마에 팔면 되는 것일까? 어

---

[1] 고객획득실천회 회원 자격 : 1998년부터 2004년까지 간다 마사노리가 주최한 '고객획득실천회'는 일본에서 가장 규모가 큰 다이렉트 마케팅 단체 중 하나이며, 약 4,000개의 회사와 2만 명이 참가했습니다. 많은 기업가, 기업 지도자들이 이 활동의 영향을 받았습니다.

느 정도의 계약률을 전망할 수 있는가? 도무지 앞날이 보이지 않아서 좌절했습니다.

처음에는 신문광고로 잠재 고객을 끌어모으려 했습니다. 그런데 광고 심사라는 게 있었습니다. 광고대행사는 제게 **"광고 심사를 통과하기 어렵다"**라고 말했습니다. 그렇습니다. 저는 신설법인이었고, 코딱지만 한 사무실에 사원이 달랑 저밖에 없었습니다. 게다가 통신판매업이었습니다.

신문에 광고를 낼 수 없으니 어쩔 수 없이 팩스로 다이렉트 메일(이하 DM)을 보냈습니다. 정말 답장이 올지도 불안했습니다. 하지만 폭풍 같은 민원도 각오하고 일단 해봤습니다. 왜인지는 모르겠지만, 3~4% 정도의 반응률이 돌아왔습니다. 외출한 곳에서 사무실로 돌아와 보니 산더미 같은 답장이 와 있었습니다. 팩스 용지가 다 없어질 정도였습니다. 정말 흥분했습니다.

제가 보낸 팩스는 '고객 획득법에 대한 보고서를 희망자에게 드립니다'라는 내용이었습니다. 그리고 읽은 후에 설문지를 작성해달라고 하는 패턴입니다. 설문 결과 중에는 매우 호의적인 것도 있었습니다. 그래서 '이건 될 수도 있다'라는 생각에 매뉴얼을 쓰기 시작한 것이죠. 그리고 비디오를 만들어서 상품이 생겼습니다.

즉, 상품이 있어서 그 상품의 마케팅을 한 것이 아닙니다. 마케팅해서 원하는 사람이 있는지 확인하고 난 뒤에 상품을 만든 것입니다. 이것은 지금도 제가 다이렉트 마케팅을 진행하는 데 있어서 매우 중요한 점으로 생각합니다.

당시 많은 사람이 '상품 지향적'이었습니다. 즉, '이 상품이 팔릴 수 있다'라는 생각으로 구입 또는 개발합니다. 그리고 자기중심으로 '이 상품이라면 이 가

격에 팔아야 한다'라고 가격을 결정합니다. 더군다나 '이 상품은 이 타깃에게 팔릴 것'이라며, 그 상품을 팔기 위해 누군가를 찾으려 합니다(이 상식이 오류의 근원입니다).

소매점에 가보면 바로 알 수 있습니다. 한마디로 시장의 판단이지 않습니까? 그런데도 많은 사람이 상품과 서비스의 관점에서 그들의 사업을 생각합니다. 이것은 많은 문제를 일으킵니다.

이럴 바에는 **고객을 찾으세요. 그런 다음 고객이 원하는 제품을 제공합니다.** 그러면 전혀 위험이 없을 것입니다. 그리고 다이렉트 마케팅의 방식을 활용한다면, 아주 적은 예산으로 테스트할 수 있습니다.

저는 다음과 같이 실천했습니다.

① 우선 팩스로 DM을 한 장 씁니다.
② 그 반응에 따라 보고서를 씁니다.
③ 보고서에 대한 평판이 좋아서 세미나를 엽니다.
④ 그리고 매뉴얼을 만듭니다.
⑤ 그 후 누가, 얼마의 가격이면 구입하는지 테스트합니다. 테스트 결과에 따라 가격과 타깃을 결정합니다.

이러한 방식으로 고객을 먼저 찾고, 수요를 확인한 다음 제품을 제공함으로써 위험을 줄일 수 있습니다.

이 방법은 다른 방법보다 얼마나 더 매출을 올리는가?

먼저 대표적인 성공 사례로 예를 들어보겠습니다. 기술자를 위한 연수 교재를 판매하는 DM 사례입니다. 이 사례는 정확히 동일한 조건에서 테스트했기에 일반적인 판매 방법과 우리 실천회의 방법 사이에 판매가 얼마나 다른지 확인할 수 있습니다.

어떤 결과가 나왔을까요?

이 교재를 판매하는 회사는 지금까지 매우 우수한 사람들이 DM을 만들어 왔고, 일본 최고의 실력파 회사 중 하나입니다.

그 실력에 비해 실천회의 방법은 얼마나 매출이 많았을까요? 10%? 20%? 아니면 40%? 모두 아닙니다. 답은 600%입니다. 즉, DM 한 장으로 6배의 매출을 올렸습니다!

역시 실천회의 방법은 옳았습니다.[2]

고객 명단이 없다면?

에도시대의 상인은 저택에 불이 나면 가장 먼저 고객 대장을 우물에 던진 뒤 밖으로 도망쳤습니다. 당시의 고객 대장은 물에 젖어도 글씨가 지워지지 않는 특수한 종이로 되어 있었습니다. 당시 상인들도 고객 리

---

2) 실천회의 방법은 옳았습니다 : 이 연수 교재 DM의 비포어·애프터에 대해서는 제1장에서 다시 한번 자세히 소개하겠습니다. 돈 들이지 않고 최대한 효과를 낼 수 있습니다. 다이렉트 마케팅의 진수를 봐주세요.

스트가 무엇보다도 최고의 재산이라는 것을 알고 있었습니다.

기업에 있어서 가장 중요한 재산은 고객 리스트입니다. 그렇다면 고객 리스트는 어디서 수집하는 것이 좋을까요?

고향에서 학생복을 판매하는 우리 집안의 예를 들자면, 첫째로 엄청난 양의 '학생 명단'에서입니다. 학생복을 판매하기 때문에 매년 가만히 있어도 학생 명단이 들어옵니다. 명단을 파는 업체에서 산 명단이 아닙니다. 이것은 구매 경력이 있는 고객들의 명단입니다. 그 반응률은 신규 명단의 수십 배나 됩니다. 게다가 매년 새로운 학생이 입학합니다. 즉, 자동으로 신규 고객이 유입되는 것입니다.

대략 1만 가구 정도의 명단은 있을 것입니다. 이 명단에 대해서 통신판매를 설정합니다. 1만 명 중 가장 양질의 20% 고객에게 DM을 보내면 됩니다. 2,000명이나 되는 기존 고객으로 통신판매는 첫해부터 흑자가 납니다. 직원 3명 정도로 연간 1억 엔 정도의 매출을 올리는 것은 전혀 놀랄 일이 아닙니다.

"간다 마사노리 씨 집안은 학생복이라는 특수한 장사를 해서 그렇지만, 우리는 명단이 없잖아"라고 말할 수도 있습니다. 그럴지도 모릅니다. 하지만 그렇게 말하는 곳에도 정리만 안 되어 있을 뿐 **실제로는 명단이 잔뜩 쌓여 있는 경우가 많습니다.**

뭐, 정말 명단이 없다고 가정해봅시다. 하지만 당신이 명단이 없어도 동네 상가에 가보면 저희 고향 집처럼 **명단은 있지만, 어떻게 활용해야 할지 모르는 회사들이 한가득입니다.** 이런 회사에 가서 다음과 같이 이야기해보면 좋을 것 같습니다.

"당신 회사가 DM을 보낼 때 우리 상품의 팸플릿을 한 부 넣어 주실 수 있을까요? 제가 DM 비용의 절반을 부담하겠습니다."

DM 비용이 줄어드는 것을 반기지 않는 경영자는 없습니다. 단순히 팸플릿을 넣는 것만으로는 반응률이 낮을 수 있습니다. 그 반응률을 최대한으로 끌어올리기 위해서는 상대 경영자에게 당신의 상품에 대한 소개 글을 써 달라고 하면 됩니다. 실제로는 소개 글을 자신이 직접 쓰고 상대방에게 서명받으면 됩니다.

소개 글은 예를 들면 다음과 같습니다.

"요즘 ○○(상품)들은 수익과 효율을 우선시하기 때문에 제대로 된 상품을 만나기 어렵습니다. 그런데 얼마 전에 저는 너무 좋은 상품을 만났습니다. 그래서 단골 고객님들께 제일 먼저 알리고 싶어서 편지를 드립니다(이하 상품 설명)**."**

잠자고 있는 현금의 출처는 명단만이 아닙니다. 참고로 저의 본가에서 운영하는 매장은 세 군데가 있습니다. 매장 하나는 버스 정류장 바로 앞에 있습니다. 다른 2개의 매장은 역 건물 안에 있습니다. 버스 정류장은 항상 사람들이 줄을 서 있습니다. 매우 한가해 보입니다. 항상 여름에는 덥고, 겨울에는 춥다고 느낍니다. **만약 이렇게 '고통'이 있다면, 쉽게 사람에게 감동을 줄 수 있습니다.** 저는 그들에게 대기실을 하나 마련해주었습니다. 이렇게 하면 고객을 매장으로 유도할 수 있습니다. 그러고 나서 회사의 이름을 바꿉니다. '간다 상공회의소'라는 이름을 '사이타마 시민지원센터'로 바꾼 것입니다. 회사 이름을 바꾸면 발상의 범위를 넓힐 수 있습니다.

시민 서비스로 각인시키는 것이기 때문에 취급할 수 있는 상품이 무궁무진합니다. 즉, 프론트엔드(Front-End)는 학생복입니다. 백엔드(Back-End)는 시민 서비스(보험의 수속, 엄선된 식품·자연식품의 판매, 가정교사 알선 등)입니다.

요술 방망이란 이런 것입니다. 그런데도 직원들은 이대로는 망하겠다고 야단법석을 떨었습니다. 망하지 않습니다. <u>돈에 손을 내밀기만 하면 됩니다.</u>

머리를 써서 돈을 불리자

그렇다면 당신의 회사에서 그 돈을 손에 넣으려면 어떻게 해야 할까요? 우선 사장님이 <u>반나절 동안 방에 있어야 합니다. 호텔을 사용하셔도 됩니다. 연락처는 직원에게 전달하지 않습니다. 방에 들어가서 문을 잠그세요. 그리고 휴대전화 전원을 끕니다. 방해받지 않는 상황에서 A3 용지와 펜을 준비합니다. 그리고 사업계획을 다시 짜는 것입니다.</u>

두뇌노동은 **육체노동의 5배나 힘듭니다.**

그래서 편한 길을 선택하고, 시시콜콜한 쓸데없는 일에 시간을 보냅니다. 회사에 있어서 가장 중요한 고객을 끌어들이는 일에 시간을 투자하지 않습니다. 열심히 일하고 있는 것처럼 보이지만, 실제로는 머리를 사용하지 않기 때문에 편합니다.

대부분의 일은 따분한 일입니다. 우리는 따분하고, 시시한 일을 거부합시다. 그리고 A3 용지와 펜을 들고 회사를 떠납니다. 이것이 바로 보이지 않는 현금을 현금화하기 위한 작업입니다.

누구도 따라오지 못하는 노하우란?

어렵게 배운 노하우가 퍼지면 따라 하는 곳이 생겨나 곤란할 수 있습니다. 그래서 불안해하는 사람도 생길지 모릅니다. 실제로 같은 노하우가 돌면 다른 많은 사람이 따라 할 것입니다. 하지만 이 불안은 어쩔 수 없는 것일까요? 그래서 좀 참고가 되는 이야기를 나누어보겠습니다. 물론 실화입니다.

저는 예전에 신주쿠에서 술을 마신 후 택시를 타고 돌아가려고 했습니다. 빈 차는 잔뜩 있었습니다. 고객이 너무 없으니까 택시 정류장에서 50미터 정도 빈 차들이 줄을 서 있었습니다. 그래서 '50미터 앞까지 걸어야 한다'라고 생각했습니다.

저는 마지못해 걸어가면서 횡단보도를 건너려고 했습니다. 그런데 마침 그곳에 택시가 멈춰 있었습니다. 행운이라고 생각하며 바로 택시에 올라탔습니다.

저는 그 택시 운전기사와 이야기를 나누었습니다. 그는 매일 8~10만 엔을 벌어들인다고 했습니다. 일반적으로 도쿄라면 3~4만 엔 정도입니다. 워낙 좋은 벌이라서 기사님께 물어봤습니다.

나　　　　: "우아, 대단하네요. 8만 엔이요? 도대체 어떻게 그렇게 버시나요?"

운전기사 : "글쎄요. 운이에요, 운. 그런데 운이란 것은 요령만 알면 딱 들어맞아요. 그렇더라고요."

나　　　　: "그게 무슨 말씀이세요?"

운전기사 : "예를 들어 여기 교차로가 하나 있잖아요. 이 교차로에서 직진하든지, 좌회전하든지 선택할 수가 있겠죠. 여기서 왼쪽으로 가면 장거리 고객이 있어요. 그런데 직진하면 <u>그것만으로 몇천 엔이 없어져 버립니다.</u> 그게 판단하는 방법이죠."

나 : "그런 판단은 어떻게 할 수 있나요?"

운전기사 : "글쎄요. 그냥 한 번에 느껴져요."

나 : "방금 횡단보도 자리도 확 느껴진 것인가요?"

운전기사 : "네. 그런데 그 장소는 항상 고객이 자주 오는 장소예요."

나 : "다른 기사님도 그 장소를 알고 있나요?"

운전기사 : **"그럼요, 다 알고 있지요."**

나 : "그런데 왜 다른 택시 기사님들은 그 장소에서 기다리지 않는 것일까요?"

운전기사 : "좋은 장소이긴 하지만 매번 성공하는 것은 아니랍니다. <u>머리를 써야 합니다.</u> 그것보다는 1시간 줄을 서서 **다른 사람들과 같은 일을 하는 것이 편한 셈이죠.**"

나 : "그럼 기사님은 머리를 쓰는 것인가요?"

운전기사 : "맞아요. 제가 여기 멈춘 것은 그저 30초 전이니까요. 그것은 주변 사람의 왕래를 보고 느끼는 거죠."

나 : "아, 그럼 방금 그렇게 판단한 것은 주변 사람들의 상황이나 표정, 옷차림을 보고 택시를 타는 고객인지, 아닌지 판단하는 것인가요?"

운전기사 : "뭐, 고객님 말을 듣고 보니 그러네요."

불변의 마케팅

요컨대 잘되는 곳은 모두 알고 있습니다. 일단, 하는 것과 하지 않는 것은 차이가 있을 것입니다. 장소를 알고 있더라도 거기서 머리를 쓸 수 있는지, 없는지에 따라 차이가 나는 것입니다. 안타깝게도 100명의 택시 운전기사가 있다면, 머리를 쓰는 유능한 사람은 그중 1명 정도입니다.

저의 연재 기사나 교재, 서적을 읽고 있는 분, 그리고 저의 강연을 듣고 있는 사람은 수만 명[3]이나 될 것입니다. 그런데 대부분 '아, 그렇구나'라는 단계에서 끝납니다.

실제로 강연 후의 설문지를 보면, '내 업종에서는 사용할 수 없다', '좀 더 구체적으로 이야기해줬으면 좋겠다'라는 사람도 많았습니다. 그래서 움직여 실천회에 가입하는 사람은 1%도 되지 않습니다. 그러니까 **상위 1%의 사람들만이 점점 독주를 해나가는 것입니다.**

물론 성공한 회사의 노하우를 모방하는 사람들이 있을 것입니다. 하지만 이 경우에는 최초로 성공한 회사는 더 나아가고 있을 것입니다. 그러니까 저는 노하우가 알려졌다고 해서 크게 걱정할 필요는 없다고 생각합니다.

---

3) 수만 명 : 간다 마사노리의 저서 발행 부수는 200만 부를 넘습니다. '아, 그렇구나'로 끝나지 않은 이들 중에는 누구나 아는 유명한 기업의 경영자, 베스트셀러 작가가 많습니다.

◆ 제1장 ◆

감성 마케팅의
기본 개념을 알아보자!

....

'작은 회사가 마케팅력으로 대기업을 이긴다'라는
간다 마사노리와 실천회의 방법은 매우 흥미진진합니다.
제1장에서는 많은 중소기업이 영향을 받아 실천하고 결과를 남긴
다이렉트 마케팅의 기본 개념에 대한 글을 모았습니다.

장단점을
마음껏 보여준다

'지금 사지 않으면 손해를 본다'라고 전한다

제가 경험한 기획을 소개해드리겠습니다. 1999년 1월에 도큐백화점 니혼바시점이 문을 닫았습니다. 1662년(관문 2년)에 창업을 시작한 이래 장장 336년의 역사가 막을 내렸습니다. 그 당시 폐점 세일은 절정에 달했고 역사에 남을 것입니다. 먼저, 도큐 니혼바시 매장의 폐점 판촉에 관한 뉴스 보도를 봐주셨으면 합니다.

"일반적인 폐점 행사로는 이렇게 많이 팔리지 않는데, 어째서 도큐 니혼바시 매장의 경우는 폭발적으로 팔렸을까?"

강연 중에 이런 질문을 받았습니다. 물론 수백 년의 역사를 가진 가게가 문을 닫는다는 것은 '향수를 불러일으켜 사고 싶다'라는 뜻으로도 해석할 수 있습니다. 하지만, 잘 팔린 비결은 정말 간단합니다.

왜냐하면 많은 사람이 신문에 나온 것처럼 '지금 사지 않으면 손해'라고 생각했기 때문입니다. 당신이 여기서 궁금한 것은 '도큐 니혼바시점의 폐점 행사는 왜 잘 팔렸는가?', '어떻게 하면 우리 판촉 행사에서도 잘 팔릴 수 있을까?'가 되겠지요? 그래서 저는 **'지금 사지 않으면 손해'**를 어떻게 연출하면 효과적일 수 있는지 여러분에게 전하려고 합니다.

그래서 도큐 니혼바시점의 '지금 사지 않으면 손해를 본다'라는 프로모션에서 몇 가지 중요한 포인트를 소개하겠습니다.

첫째, 도큐 니혼바시점의 폐점 행사는 매장에 오는 것 자체로 가치가 있었습니다. '지금 사지 않으면 손해 본다'라는 것은 뭔가 특정 상품을 사는 것을 상정한 것이 아닙니다. **'어차피 뭐든 좋으니까 이 행사에서 사지 않으면 손해다'**라며 매장에 가는 것 자체가 가치가 됩니다. 다시 말하면, **고객은 특정 상품을 원하기 때문에 쇼핑 간 것이 아니라, '뭔가 사지 않으면 손해를 본다'라는 생각에 몰려드는 것입니다.**

이런 심리를 응용하려면 어떻게 해야 할까요? 많은 광고지에는 상품 가격과 그 장점이 적혀 있습니다. '상품의 장점'을 적는 이유는 그 상품을 사게 하고 싶어서입니다. 그런데 영업 순서를 생각해야 합니다. 전단에서 먼저 해야 할 일은 고객이 매장으로 오게 하는 것입니다. 그런데 상품부터 사라고 하는 경우가 빈번합니다. 호소해야 할 장점은 '매장에 오면 좋은 점'이지, 특정 상품을 사는 것에 대한 장점이 아닙니다.

좀 더 일반화해서 말하자면, **'고객이 다음 행동을 하도록 만드는 장점'**을 말하는 것이 광고에서는 매우 중요합니다. 고객에게 원하는 '다음 행동'이 고객으로부터 목록을 요청받는 것이라면 '요청 목록의 장점'을 설명합니다. 상품을 사는 장점이 아닙니다. 고객에게 원하는 '다음 행동'이 영업사원에게 전화하는 것이라면, '영업사원에게 전화하는 장점'을 말하는 것이 중요합니다. 물건을 사는 장점에 대해 말하는 것은 영업사원이 하면 됩니다. 이것은 광고에서 **'다음 행동'과 '그 행동을 취하면 얻을 수 있는 혜택'**이 일치한다는 것을 알 수 있습니다.

더욱 중요한 것은 **'방문하는 장점'**과 더불어 '방문하지 않는 단점'에 대해서 설명하는 것입니다. 일반적으로 **인간은 '새로운 이득을 얻기 위해' 행동하는 것보다 '현재 존재하는 단점을 피하기 위해' 행동하려는 동기가 더 강합니다.**

이것은 사람뿐만 아니라 다른 동물들도 마찬가지입니다. 조금만 생각해봐도 알 수 있습니다. 무엇인가를 얻는 기쁨보다 무언가를 잃는 슬픔이 더 클 것이 분명합니다. 즉, 강한 감정이 움직입니다. 그래서 '원래 당신이 얻어야 할 것을 잃어버리고 있다'라는 면을 강조하면, 행동으로 나아가기 쉽습니다.

예를 들어서 '이 공부법을 알면 성적이 2배가 된다'라는 이야기보다는 '원래 당신의 성적이 더 좋아야 하는데, 이 학습법을 모르기 때문에 절반밖에 안 나오고 있다'라는 이야기가 **더욱 감정을 동요시키는 것입니다.**

또한, 보험의 경우에도 '이 보험에 가입하면 이만큼의 절세효과가 있다'라는 이야기보다는 '원래 이 정도의 세금만 내면 되는데, 대부분 재무계획을 하지 않아서 큰 손해를 보고 있다. 이런 손해에서 벗어나는 첫 단계는 바로 이 재무 진단을 받는 것이다'라고 이야기하는 편이 예약을 쉽게 잡을 수 있습니다. 즉, 많은 사람은 **본래의 모습을 회복하기 위해 행동에 나서게 됩니다.**

도큐 니혼바시점의 경우는 매장에 오지 않는 것의 단점을 전달하기 매우 쉬웠습니다. 왜냐하면, 몇백 년 동안 계속되어온 고급백화점이 막을 내린다는 **극적인 이야기**[4]가 있었기 때문입니다. 그래서 많은 사람이 '이 행사에 가지 않으면 바보'라고 생각이 들 정도의 설득력을 발휘할 수 있었습니다.

그런데 많은 회사에는 그런 극적인 이야기가 없습니다. 그래서 단순히 '이번이 마지막'이라고 해도 설득력이 없고, 아무도 믿지 않습니다. 그럼 어떻게 하면 설득력을 낼 수 있을까요?

---

4) 극적인 이야기 : 현재 일본의 경제 상황하에서는 매년 '극적인 이야기'가 계속되고 있습니다. 그것은 극적으로 매상을 올릴 궁리를 얼마든지 할 수 있다는 것입니다.

이야기로 설득하라

정답은 '진실한 증거를 보여라'입니다. **즉, 진실성을 보이는 이야기를 사용합니다.** 예를 들어 전형적인 패턴은 이런 느낌입니다.

"사장님, OOO이 실수로 중복 주문을 해버렸습니다. 그래서 원가에 내놓습니다. 이제 창고 비용만 드니 대폭 가격을 낮춰 팔려고 합니다."

"사장님을 설득해서 이번만 알아서 팔아보라는 허락을 받았어요. 그래서 이 가격은 한시적입니다. 안 팔리면 아쉽게도 원래 가격으로 돌아갑니다."

"제가 계산을 잘못해서 싼 가격을 전단에 많이 붙였어요. 하지만 지금 고칠 수 없으니 이번 상품까지만 잘못된 가격으로 판매하겠습니다."

이렇듯 싸게 팔려고 하면 **싸게 파는 이유를 거짓말 없이 솔직하게 말해야 합니다.** 그리고 그것을 말할 때는 이야기로 해야 합니다. 그래야 싸게 파는 것에 진정성이 생기고, '안 사면 손해'라는 설득력을 줄 수 있습니다.

고객의 머릿속을 읽고
구매 욕구를 불러일으키는 방법

실망시키지 않는다는 강력함

저는 예전에 고사카 유지(小阪裕司)[5] 선생님의 미국 답사에 참여했습니다(저도 제대로 전액을 내고 다녀왔습니다). 투어를 하려고 직장을 그만둔 뒤 영어를 사용할 기회가 없어져서 '영어회화 학원에라도 다닐까?'라는 생각에 직원들에게 부탁해 각종 영어회화 학원의 정보를 구했습니다.

그때 구매 프로세스를 객관적으로 살펴보다가 아주 재미있는 것을 발견했습니다.

"그래, 영어회화 학원에 가야지!"하고서는 전화번호부를 열었습니다. 이미 구한 영어회화 학원 리스트 중에서 3개 학원에 자료를 요청하려고 했습니다. A사, B사, C사 이렇게 세 군데로 추렸습니다.

---

5) 고사카 유지 : 일본 정보연구소 대표/정보학 박사. 간다 마사노리와는 실천회 설립 초기부터 맹우(盟友)입니다. '감성'과 '행동'을 중심으로 한 독자적인 비즈니스 경영 이론을 연구하고 개발합니다. 학술 연구와 현장 실천을 겸비한 활동으로 많은 열성 팬이 존재합니다.

그런데 **전화번호부 광고에 대한 구매 패턴**은 정해져 있었습니다. 전화번호부에서 광고를 보는 사람은 상품과 서비스 구매를 전제로 합니다. 저의 예와 같이 '영어회화 학원에 가고 싶다.' 그래서 '어디를 선택할까?' 이 단계에서 볼 수 있는 것이 전화번호부 광고입니다.

즉, 특정의 상품과 서비스를 사는 것은 정해져 있습니다만, '어느 회사에서 살까?' 하고 마지막 결정 단계에 들어갑니다. 그래서 전화번호부를 열고, 대부분 사람의 경우 대형 광고를 한 3개 회사에 전화를 걸어 봅니다. 이것이 전화번호부 광고의 반응 패턴입니다.

그런데 자료를 요청하는 회사에 대해 언제 어디서 구매 결정이 이루어지고 있다고 생각하나요? 요청한 자료를 보고 결정하는 것일까요? 아니면 자료를 보고 전화해서 질문할 때일까요? 아니면 자료를 요청할 때의 전화 대응으로요? 저는 직원에게 자료를 요청해서 받았지만, 자료가 아닌 '전화 대응'에 따라서 거의 80% 정도 구매를 결정했습니다.

"C사가 가장 대응이 좋아요. A사는 안 됩니다. B사도 별로였어요."

직원들은 각각 1분 정도의 전화 통화를 했고, 이렇게 판단했습니다. 저는 C사를 선택했고, 그 이유는 고객이 무엇을 원하는지 알아내 적절하게 잘 대응했기 때문입니다.

"이번에 어떤 이유로 영어회화 학원을 찾고 있으신가요?"
"사실 우리 사장님이 영어를 사용할 기회가 없어서 많이 잊으신 것 같다고 다시 공부하고 싶어 하세요. 가능하면 개인 레슨이 있었으면 좋겠습니다만…"

"잘됐네요. 우라와에서 개인 레슨을 하는 학원은 우리 학원뿐이에
요."

이렇게 라이벌의 상품 구성을 잘 알고 있었습니다. 그래서 알맞은 제
안을 하므로 마음이 쏠립니다. **즉, 첫 접촉 단계에서 구매가 80% 정도 정해
져 버리는 것입니다.**

다른 회사는 어떻게 대응했냐면, "자료를 보내드릴 테니 주소와 이
름, 전화번호를 알려주세요. ○월 ○일까지는 입학금이 무료입니다. 그
러니 꼭 이번 기회에 신청해주세요"라고 하는 극히 일반적인 대응이었
습니다. 이미 역의 간판에서 연중 입학금 무료 행사를 알리고 있었기 때
문에 전화에서 입학금 무료를 제안해도 와닿지 않았습니다.

하지만 C사는 다음 단계에서도 실망시키지 않았습니다.

고객이 '원하는 것'을 한다

저는 3사에 자료를 동시에 청구했지만, 속달로 자료를 보낸 곳은 C사
뿐이었습니다. 그 내용물은 필요한 것이 깔끔하게 들어 있었습니다. 팸
플릿, 가격표, 쿠폰, 그리고 손으로 쓴 편지(인사문)가 들어 있었던 것은 C
사뿐이었습니다. 다른 회사는 워드프로세서 문서에 볼펜으로 예상되는
고객(나)의 이름만 적어 보내왔습니다.

또한, 유효 기간이 빨간색 글자로 인쇄된 할인 쿠폰(응답 디바이스)이 동

봉된 곳은 C사뿐이었습니다. 다른 회사는 아무것도 들어 있지 않았습니다.

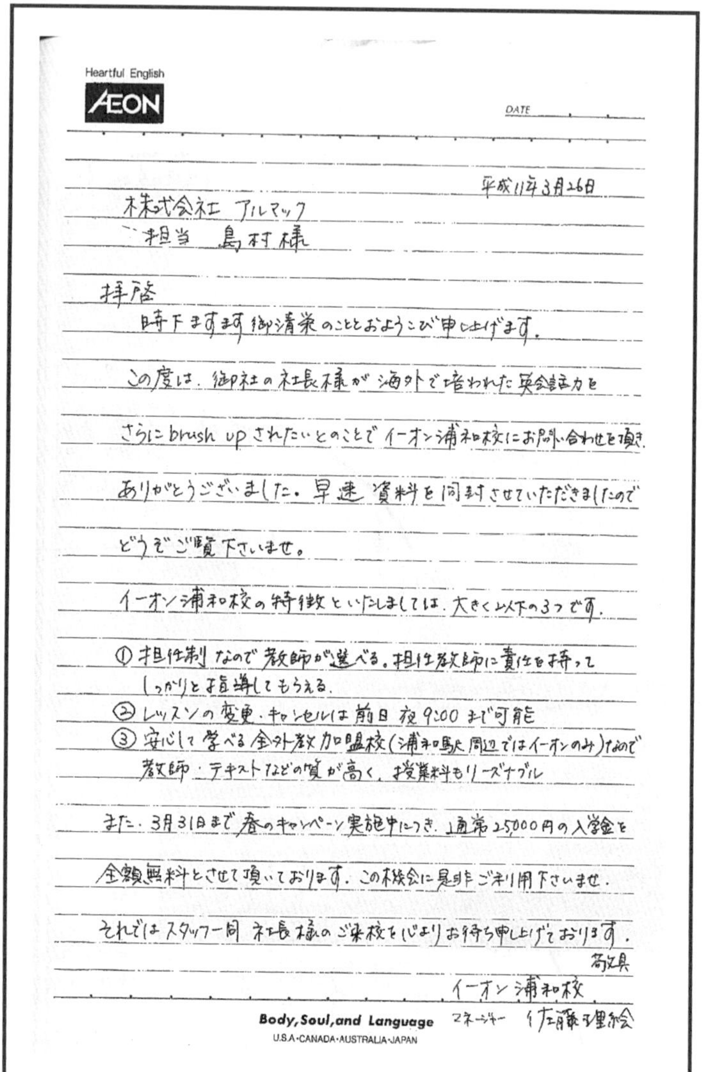

Heartful English

AEON

DATE

平成11年3月26日

株式会社 アルマック
ご担当 島村様

拝啓
時下ますます御清栄のこととおよろこび申し上げます。

この度は、御社の社長様が海外で培われた英会話力をさらにbrush upされたいとのことでイーオン浦和校にお問い合わせを頂き、ありがとうございました。早速資料を同封させていただきましたので、どうぞご覧下さいませ。

イーオン浦和校の特徴といたしましては、大きく以下の3つです。

① 担任制なので教師が選べる。担任教師に責任を持ってしっかりと指導してもらえる。
② レッスンの変更・キャンセルは前日夜9:00まで可能
③ 安心して学べる全外教加盟校(浦和駅周辺ではイーオンのみ)なので教師・テキストなどの質が高く、授業料もリーズナブル

また、3月31日まで春のキャンペーン実施中につき、通常25,000円の入学金を全額無料とさせて頂いております。この機会に是非ご利用下さいませ。

それではスタッフ一同社長様のご来校を心よりお待ち申し上げております。

敬具

イーオン浦和校
マネージャー 佐藤理絵

Body, Soul, and Language
U.S.A・CANADA・AUSTRALIA・JAPAN

손으로 쓴 편지

'같은 영어회화 학원에서도 이만큼 차이가 있구나…'라고 생각하고 있었는데, 전화(아웃바운드 콜)가 왔습니다. 이것도 C사뿐이었습니다. 아웃바운드 콜이 폐가 된다고 생각해서 전화를 꺼리는 회사가 있습니다만, 구입을 검토하고 있는 고객이 전화를 받는 것이 반드시 폐가 되는 것은 아닙니다. 특히 손으로 쓴 편지 등으로 인간관계가 좋게 형성되어 있는 경우에는 거의 문제가 없습니다.

물론 저는 C사로 결정했습니다. 실은 자료를 요청한 후에 '따로 직접 찾아가지 않아도 될까?'라고 생각했습니다만, **좋은 대응에 반해서** 먼저 담당자인 사토(佐藤) 씨에게 전화를 걸어봤습니다.

"귀사의 자료를 받은 간다 마사노리라고 합니다만, 사토 씨 계십니까?"라고 했더니 마침 전화를 받은 상대가 사토 씨였습니다. 하지만 사토 씨는 처음에 '도대체 누굴까?' 하고 생각하는 눈치였습니다. 그래서 "회사 직원이 저 대신 자료를 요청했는데요"라고 말했습니다. 그랬더니 "혹시 알맥의 사장님이세요?"라고 물어왔습니다.

그리고 "사장님께서 직접 전화 주시다니!"라고 **감격**했습니다(이것은 제 자존심을 높여줬습니다. 정신을 차려보니 입회하기로 되어 있었습니다).

나중에 사토 씨로부터 이야기를 들어보니, 아니나 다를까 우라와에서 C사는 가장 많은 학생 수를 보유하고 있었습니다. B사의 약 2배 정도의 학생 수였습니다. 학생 수가 2배라는 것은 교실 등의 고정비는 거의 다를 바 없기에 **고정비를 회수한 후의 이익으로는 3배** 가까이 된다고 볼 수 있습니다. 여기서 핵심은 이 3배 가까운 이익의 차이가 실로 작은 대응의 차이로 정해진다는 것입니다. 그런데 이러한 사토 씨 수준의 대응이 회사로서 시스템화되어 있지 않은 것 같아서 저는 다시 한번 놀랐습니다. 참으로 아쉬운 마음이 들었습니다.

제가 사토 씨에게 "본사에서 이렇게 대응하라고 방침을 내려줬나요?"라고 물었더니, "아뇨, 전혀 없습니다"라고 대답하더군요. 그래서 "그럼 어떻게 세심한 대응을 할 수 있었나요?"라고 물었습니다. 그랬더니 "제가 학생이었을 때, 이렇게 대응해줬으면 좋겠다고 생각한 것을 하고 있을 뿐입니다"라고 답했습니다.

생각이 참 깊은 사람입니다. 고객 만족의 기본은 '내가 고객이라면 내게 무엇을 해주면 좋을까?' 이것을 리스트업 해보세요. 그러면 대부분은 스무 가지 정도의 아이디어가 꼽힐 것입니다. 그러면 아이디어에 대해서 실행할 우선순위를 정해 실행해보세요. 이것만으로도 라이벌과 압도적인 차이를 볼 수 있습니다.

자, 바로 해보세요!

'변명=제안'을 준비하라

고객의 구매 욕구를 일으키기 위해서 매우 중요한 일이 있습니다. 바로 고객의 머릿속을 읽는 것입니다. 그러면 어떻게 하면 고객의 머릿속을 읽을 수 있을까요? 사실 그렇게 어렵지 않습니다. 제가 설명해드리겠습니다.

고사카 유지 선생님의 거래처 상담으로 삿포로의 안경·시계를 판매하는 가게에 방문했을 때의 일입니다. 이 가게는 백화점 2층에 임시 점포를 하나 냈습니다. 하지만 좀처럼 매상이 오르지 않았습니다. 그래서

'잘 팔리려면 상품을 매장에서 어떻게 배치해야 할까?'라는 고민이 있었습니다.

사실 이 가게 앞에는 거대한 100엔 균일가 가게가 있었습니다. 자, 당신이라면 어떻게 활용하시겠습니까? 도대체 여기에 오는 고객들은 무엇을 생각할까요?

인간의 사고 능력은 제한되어 있어서 한 번에 한 가지밖에 생각할 수 없습니다. 그래서 그 층에 오는 사람들 대부분이 '100엔짜리 균일한 것을 사야겠다'라고만 생각했을 것입니다. 그것밖에 머릿속에 없기 때문입니다.

이런 고객들에게 '시계 전 품목 20% 세일'이나 '○○ 세일'이라는 POP 광고를 내놓아도 전혀 의미가 없습니다. 고객은 균일가 상품을 찾으러 온 것이니까요. 그래서 이러한 고객의 머릿속을 읽고 생각해낸 것은 바로 이것입니다.

"지금 5,000엔 이상 구매하신 분께 500엔의 적립금을 드립니다! 적립금으로 꼭 100엔 가게에 들러 주세요."

이렇게 하면 100엔 가게에서 상품을 사려고 온 사람을 다음과 같은 생각으로 바꿀 수 있습니다.

'그러고 보니 알람 시계가 고장이 났는데 슬슬 바꿀까?'
'맞아, 시계 줄이 끊어졌었지.'
'잊고 있었는데 시계 건전지를 교체해야겠다.'

즉, 지금까지 '귀찮다', '바쁘다'라는 이유로 멀어져 있던 구매를 이행하게 되는 변명이 생겼습니다. 이렇게 고객의 흐름을 100엔 가게에서 이 임시 매장으로 향하게 할 수 있습니다. **이처럼 고객의 머릿속과 제안을 연결하면 구매라는 행동으로 이어지는 것입니다.**

'고객의 머릿속을 생각한다.'

이것은 소매점이 고객의 흐름을 읽을 때와 마찬가지로 전단, 광고 선전, DM 작성, 그리고 실제 세일즈 화술에서도 매우 중요합니다. 고객의 머릿속을 생각할 때는 자신에게 이런 질문을 해보세요.

1. 고객은 왜 여기 모여 있는가? 무엇을 찾고 있는가?
2. 고객이 싫어하는 것은 무엇인가?
3. 왜 싫어하는가?
4. 고객은 무엇을 고민하고 있는가?
5. 왜 고민하고 있는가?
6. 고객이 두려워하는 것은 무엇인가?
7. 왜 두려워하는가?

'거부감', '고민', '두려움' 등이 중요한 이유는 고객의 아픔을 이해함으로써 고객에게 공감해줄 수 있기 때문입니다. '고객의 머릿속을 생각한다.' **반드시 기억하세요!**

감성을 자극하며
호소하라

감정을 흔들어라

앞서 프롤로그에서 소개한 기술자를 위한 연수 교재를 판매하는 DM 이야기를 다시 하고자 합니다.

기존의 매출에서 6배를 실현해 실천회의 방법이 옳았다는 것을 증명해 보인 DM입니다. 어쨌든, 여러분이 관심을 가지는 것은 '왜 6배가 되는가?'라는 점일 것입니다.

자, 그럼 먼저 다음의 DM에서 지금까지의 패턴을 읽어보셨으면 합니다.

생산성 향상을 위한 IT(정보기술), 하지만 교육·연수가 되면 비생산적이 되기 쉬운 이유는 무엇일까요? 비용과 효율 양면에서 이해할 수 있는 해결책이 여기에 있습니다!

◆◆◆

이번에 안내를 드린 잡지 B의 단골 고객님들에게만 특별 우대 가격으로 제공합니다.

이벤트 유효 기간 : 9월 30일

친애하는 고객님.
더욱 건승하시기를 기원합니다.
평소 '잡지 B'를 애독해주셔서 대단히 감사합니다.
당사에서는 점점 디지털화가 진행되는 비즈니스에 대응하는 다양한 최신 정보를 적시에 전달하고 있습니다. 이번에도 귀사의 사업이 새로운 도약을 하는 데 빠뜨릴 수 없는 정보를 우선해서 전해드립니다.

본격적인 고도 정보화 사회를 맞이한 지금, 비즈니스 현장에서는 넘쳐날 정도의 정보를 효율적으로 선별하고 활용해 나가는 것이 가장 중요한 과제가 되고 있습니다. 점점 경쟁이 치열해지는 업계에서 이기기 위해서는 정보기술 전략을 충실히 세우는 것은 피할 수 없습니다. 인터넷의 빠른 보급을 볼 필요도 없이 IT(정보기술)야말로, 모든 업종·업태를 넘어 기업의 명운을 좌우하는 캐스팅 보트를 쥐고 있습니다.
따라서 당사에서는 IT 엔지니어의 육성, 제품 개발, 생산성의 향상을 실현하는 IT(정보기술)를 추진하는 데 있어서 필수적인 교육·연수를 더 충실하게 하는 'IT 학습 교재'를 소개하겠습니다.
이번에 안내하는 'IT 학습 교재' 시리즈는 이미 수많은 기업에서 채택하고 있다는 사실에서도 높은 학습 효과를 입증하고 있습니다. 참고하실 수 있도록 이미 채택된 기업에서는 이 교재를 어떻게 활용하고 있는지 여기에 일부 소개하겠습니다.

'사원 연수에 이용하려고 <IT 스터디 에디션> 시리즈를 구매했습니다. 지금까지는 연수 세미나를 독자적으로 개최하게 되면 (이하 생략)

무엇을 팔고 있는지 아시겠나요?

솔직히 저도 처음에 이야기를 들었을 때 도대체 어떤 상품인지 잘 알 수 없었습니다. 왠지 알파벳만 잔뜩 늘어서 있다는 느낌이었지요. 문장이 나쁘지 않았지만, 상품이 너무 어려워서 저도 종잡을 수 없었습니다.

실제로 6배의 매출을 올린 DM을 쓴 시점에서도 제가 무엇을 팔고 있는지 알 수 없었습니다. 그렇다면 **상품에 대한 지식과 매출은 관련이 없다**는 것을 알 수 있습니다. 아마 '상품을 지식으로 판매하자'라고 생각했다면 전혀 팔리지 않았을 것입니다. 애당초 저는 아마추어이기 때문에 갑자기 공부했더라도 들켰을 것입니다.

그럼 당신이라면 이것을 어떻게 '팔리게' 다시 쓰시겠나요?

먼저 '왜 이래서는 안 팔리는가?'를 생각해주셨으면 좋겠습니다. 이 DM도 상품을 설명하는 면에서는 꽤 좋습니다. 논리적으로는 연수 교재를 판매하기 위해서는 먼저 자격의 중요성을 팔아야 합니다. 그리고 자격증을 따기 위해서 얼마나 낭비가 많았는가 하는 **문제를 제시합니다.** 여기서 더욱 **문제를 깊이 파고든 뒤**, 마지막으로 **해결책을 제시합니다.**

이렇게 하면 상품이 팔릴 것입니다. 하지만 더 잘 팔리게 하려면 어떻게 해야 할까요?

저는 이 회사에서 비싼 컨설팅 비용을 받고 컨설턴트로서 도와드렸습니다. 그래서 "팔렸어야 했는데 매출이 안 올랐네요, 아쉬웠어요, 안녕히 계세요"라고 할 수 없었습니다. 즉, 어떻게든 무조건 반응을 높여야 했습니다.

무조건 매출을 올려야 했고 그러기 위해서 첫 번째로 달성해야 할 일이 있었습니다. 바로 **'어떻게 상대방의 균형을 무너뜨릴 것인가?'**라는 것입니다. 무슨 말이냐면 고객이 봉투를 열었을 때 '아, 연수 교재를 사라는 건가?'라는 반응을 피하고 싶었습니다. 그 대신 어떤 반응을 원했냐면, **'뭐야, 이 편지는???'**이라는 반응을 원했습니다.

'뭐야, 이 편지는???' 하고 감정의 균형이 깨지면, <u>상대방은 그 균형을 되찾으려 할 수밖에 없습니다.</u> 어떻게 하면 균형을 되찾을 수 있을까요? 그렇습니다. 계속 읽으면서 '뭐야, 이 편지는???'의 '답'을 찾아내지 않고는 가만 있을 수 없게 하면 되는 것입니다.

이것을 TV[6]는 정말 잘하고 있습니다. 특히 예능 프로그램을 보면, CM 전에 반드시 '곧 놀라운 사실이 펼쳐진다!'라고 합니다. 그것이 이미 패턴화되어 있습니다. 그리고 '이 광고 후에도 채널을 돌리지 말라는 거구나'라고 알고 있으면서도 놀라운 사실이 무엇인지 알고 싶어집니다. 놀라운 사실을 알고 나서도 '이제 TV를 끄고 슬슬 일해야겠다' 하고 리모컨에 손을 뻗으려고 하면, 알게 된 사실 다음 상황이 급전개되면서 '그녀가 몰랐던 과거란?' 따위가 시작되기 때문에 자꾸 쳐다보는 구조입니다.

이처럼 상대의 균형을 무너뜨린다는 것은 매우 효과적인 기술입니다. 방법은 간단합니다. '상대방이 예상치 못한 일'을 하면 됩니다.

---

6) TV : 2014년 현재 방송업계 종사자가 저자인 비즈니스 서적이 많이 출판되어 있습니다. 인터넷이 활발해지면서 TV에서 멀어졌다고 해도 역시 TV의 영향력은 큽니다.

불변의 마케팅

왜 '지금 산다'가 필요한가?

앞서 보여드린 DM의 가장 큰 문제점은 '자격증을 따는 것이 중요하다'라는 점을 설득하는 것이 힘들다는 것입니다. 예를 들어 CPA(미국 공인회계사) 자격증을 취득하고자 하는 사람들에게 'CPA 자격증을 받는 것은 앞으로 중요합니다. 그러니까 이 교재를 삽시다'라고 한다면 설득력이 있습니다. 하지만 CPA를 취득하려는 사람들에게 '이제는 자격증이 중요합니다. 그러니까 MBA, CPA, 중소기업 진단사[7] 같은 자격증 취득 교재를 사야 합니다'라고 하면 설득력이 떨어집니다. 즉, '지금 구입할 필요는 없구나' 하고 구매까지 하지 않습니다. 이 가설이 옳다면 '자격의 중요성을 판다'라는 접근방식을 좀 더 고민해야 하지 않을까요?

이 연수 교재의 판촉을 했던 3월에는 반응이 비교적 좋았습니다. 하지만 7월에 판촉했을 때는 반응이 나빴습니다. 무려 40%나 다운됐습니다. 그러면 먼저 무엇을 확인해야 할까요? 리스트, 상품, 가격이 모두 같은데, 반응이 40% 다운됐다면 생각할 수 있는 것은 **계절 변동**[8]입니다.

이 연수 교재가 계절의 변동에 영향을 받는 상품인가, 아닌가 하는 문제를 생각해봐야 합니다. 그래서 구매자가 작성한 설문지를 살펴봤습니다. 고객이 무슨 이유로 구매하고 있는지 살폈더니 '신입사원 교육을 위해서'라는 곳에 ○ 표시를 한 경우가 비교적 많은 느낌을 받았습니다.

---

7) 중소기업 진단사 : 일본의 중소기업 진단사는 중소기업지원법에 근거한 컨설팅 관련 국가자격 소지자로, 중소기업의 경영 문제에 대해 진단하고 조언하는 유일한 경영컨설팅 국가자격 전문가 집단입니다. - 편집자 주.

8) 계절 변동 : 1년간을 통틀어 보면, 물건이 팔리는 시기와 팔리지 않는 시기가 있다는 것입니다. '2월과 8월은 불경기', '연말은 호황기' 등.

어디까지나 느낌이라고 말할 수밖에 없는 것은 설문지 샘플 수가 적었기 때문입니다.

하지만 신입사원 연수에 쓸 교재라는 가설이 맞는다면 당연히 3월에는 구입하겠지만(예산 소화할 필요도 있고), 7월에는 사지 않을 것입니다. 이것은 파는 계절이 잘못된 것입니다. 한여름에 모피를 파는 것과 같지 않나요? 이 가설이 옳다면 반응이 40% 다운된 것을 충분히 이해할 수 있습니다.

그러면 이번에는 어떻게 하면 한창 더운 여름에 모피를 팔 수 있는지 그 접근법을 알려드리겠습니다.

이 방법으로 매출을
6배로 늘렸다!

감정을 흔들어 '지금 사야겠다'를 환기한다

자, 그럼 도대체 어떻게 하면 팔릴 수 있을까요?

'6배 매출 DM'은 어떤 것일까요? 당신도 생각해보시기 바랍니다.

'어떻게 상대방이 예상치 못한 것을 할까?'
'어떻게 여름에 모피를 파는 일을 할까?'

결국 완성된 것이 다음의 DM입니다.

경기는 정말 회복되고 있는 것일까요?
아니면…

부탁이 있어서 편지를 보냅니다.

다름이 아니오라, 테스트 판매에 협력을 부탁드리고 싶습니다.
물론 여러분의 귀중한 시간을 내주셔야 하기에 상당한 혜택을 제공하겠습니다.

솔직히 말씀드리자면, 지금까지 순조롭게 성장해온 IT 기술자 대상의 연수 교재가 최근 몇 달째 팔리지 않고 있습니다. 지난번에 실시한 매출 결과와 비교해보니 매출이 40%나 떨어졌습니다. 경기가 회복되고 있다는 뉴스와 역행하는 결과이기 때문에 저희도 걱정하고 있습니다.

당사에서는 '경기 회복 따위는 환상이 아닌가?', '충분히 상품의 장점을 전하지 못한 것은 아닌가?', '가격의 할인율이 너무 낮았던 것은 아닌가?' 등 다양한 의견이 나왔습니다. 또 서둘러 당사의 일부 고객을 대상으로 설문조사까지 해봤는데 결론이 나지 않았습니다. 그래서 <u>9월 30일까지 20일로 한정해서 테스트 판매해보자</u>는 결론이 났습니다.

테스트의 목적은 예전보다 가격의 이점이 있을 때 판매 수량이 얼마나 늘어날지 데이터를 기반으로 판단하는 것입니다. 어디까지나 테스트이기 때문에 <u>9월 30일까지 판매 수량이 늘어나지 않으면, 이 테스트 판매는 중지되고 이전 가격으로 돌아갑니다. 이 테스트 가격은 다시 반복되지 않을 것입니다.</u>
테스트 가격은 다음과 같이 과감한 가격을 책정했습니다.

IT 학습 교재 시리즈를 9월 30일까지 주문하신 경우에 한해서

3코스 시리즈의 경우, 소비자가격 ~~174,000엔~~을 140,000엔(세금 별도)으로 드립니다.
즉, 지금이라면 **34,000엔**의 비용을 절감할 수 있습니다.
2코스 팩의 경우, 소비자가격 ~~116,000엔~~을 100,000엔(세금 별도)으로 드립니다.
(이하 생략)

뭐가 다른지 알 수 있으신가요? 우선은 제목인 '경기는 정말로 회복되고 있는 것일까요? 아니면…'과 같은 접근입니다. 이러면 이 IT 기술 자격의 중요성을 팔 필요가 없게 됩니다. 분명 연수 교재의 회사에서 온 DM인데, 경기를 물어보니 상대는 예기치 못했을 것입니다. 이러한 방법으로 '정서적 균형 깨기'에 성공할 수 있습니다.

여름에도 모피를 팔려면 어떻게 해야 할까요? 바꿔 말하면 '지금 사지 않으면 손해'라는 것을 **얼마나 사실적으로 전달하느냐** 하는 것입니다. '어차피 살 테니 지금 사두지 않으면 손해'라는 것을 강조해야 합니다.

그래서 저는 '가격 테스트 중'이라는 방법을 택했습니다. '이것은 가격 테스트다. 안 팔리면 값을 더 올리겠다'라는 내용입니다. 그래서 일부러 경기 회복을 제기한 것입니다.

기술자를 대상으로 한 연수 교재 판매와 모피 판매는 근본적으로 같습니다. 법인 대상 마케팅이라는 것은 소비자 대상 마케팅에서 크게 영감을 받는 경우가 있습니다.

이렇게 이야기하면 뭔가 꾸며낸 것 같지만, DM에 적혀 있는 '왜 판매가 40%나 떨어졌는지, 가격이 너무 비싸지 않은지 내부 논의가 있었다'라는 말은 사실이고, 전혀 거짓말이 아닙니다. 팔 때의 고민을 이야기하는 것이 상품 설명을 하는 것보다 더 팔립니다. 무려 6배나 됩니다!

'안 사는 고객'도 샀다고?

이 판매 실험에서 제가 흥미롭게 생각한 것이 또 하나 있습니다.

바로 리스트별 매출 결과입니다. 통상적인 방법인 DM의 경우, '주문이 0'인 목록도 존재합니다. 하지만, 실천회 방법을 사용해서 똑같은 나쁜 리스트도 17개가 팔렸답니다!

이게 무슨 말일까요? 본래 살 생각이 없었던 고객들조차 사고 있다는 거죠. 도큐 니혼바시점이 문을 닫자 믿을 수 없을 정도의 손님이 모였습니다. 그리고 평소에는 사지 않는 비싼 그림을 잔뜩 사 갔습니다. 손님들은 '사면 득이 된다'가 아니라 '사지 않으면 손해 본다'라고 생각했기 때문에 몰린 것입니다.

이 DM도 도큐 니혼바시점과 같습니다. '지금 사지 않으면 손해'라는 긴급성을 어떻게 진실하게 전달하는가에 따라 본래 살 생각이 없었던 고객까지 사게 됩니다.

이렇게까지 세밀하게 테스트하는 회사는 드물어서 통상적인 방법과 실천회 방법을 비교했을 때 얼마나 차이가 나는지 몰랐는데, 이는 명백한 결과가 나온 대단히 귀중한 사례였습니다.

다이렉트 마케팅,
그 타이밍의 문이 열릴 때

지난 2000년 발생한 A유업 집단 식중독 사건은 모두의 관심사였습니다. 이처럼 사람의 관심이 집중할 때는 광고와 전단의 반응을 얻기에는 다시 없는 타이밍입니다. A사건처럼 세상을 흔드는 큰 사건이 있었을 때는 그 불안을 덜어주는 DM이나 전단을 나누어주면 반응이 엄청나게 올라갑니다.

보험사기 사건이 화제가 되자 평소 보험을 대수롭지 않게 여기던 소비자들이 보험을 생각하기 시작했습니다. 보험 이야기에 대한 고객들의 반응은 다를 것입니다. 따라서 보험을 더 깊이 알릴 수 있는 기회로 삼는 것이 충분히 가능할 것입니다.

이렇게 세상을 흔드는 큰 화제는 잘 활용하는 것이 좋습니다.

8월 5, 6일 (토요일)
AM 9:00 ~ PM 6:00
주식회사 ○○○○

식중독 예방에는 차가 최고!

예로부터 '차를 마시면서 식사하면 식중독을 막을 수 있다'라는 말이 있습니다. 차 속 성분인 카테킨은 세균을 죽이는 강력한 힘이 있어 사회적으로 문제가 된 병원성 대장균인 O-157과 장염 비브리오균에도 효과가 있습니다.

이렇게 힘든 세상에 무엇을 할 수 있을까, B사의 모든 직원은 고민했습니다. 그 결과, 여름 차, 냉녹차, 그린티, 체독의 배출에 특화된 삼백초를 비롯해 야생초 10종을 적당히 블렌딩한 야생초 10종의 효과·감비차를 이번 여름에 마실 수 있다면 어떨까 생각했습니다.

회원님 특별기획

야생초 10종의 효과·감비차를
3봉지 구매 시
　　　　1봉지 무료 증정

냉녹차를
3봉지 구매 시
　　　　1봉지 무료 증정

그린티를
3봉지 구매 시
　　　　1봉지 무료 증정

또, 조금이라도 싸게 제공할 수 없을까 생각해서… 냉녹차, 그린티, 야생초 10종의 효과·감비차를 각각 3봉지 구입마다 **1봉지를 무료로** 증정해드립니다. 아무쪼록 이번 기회에 구입하셔서 식중독으로부터 가족의 몸을 보호하고 더운 여름을 이겨 내시기 바랍니다. 친구들도 함께 오세요. 당신의 소중한 친구도 3명까지 함께 서비스해드리겠습니다. (이하 생략)

불변의 마케팅

한 찻집은 무료 시식 행사에서 식중독 문제를 헤드라인으로 삼아 70 페이지와 비슷한 내용의 전단을 제작했습니다. 공장에서 탈취 및 소독 장비를 판매하는 한 회사는 '식중독을 교훈으로 삼는다!'라는 헤드라인을 사용했고, 한 소매업체는 이를 사용해 살균제 샘플을 기업에 판매했습니다. 그들 중 누구도 구체적인 데이터를 보고하지 않았습니다. 안타깝게도, 찻집은 반응이 좋지 않았습니다.

차는 역시 맛을 전면에 내세워야 하나? 아니면 특별히 더웠기에 평소보다 조금 고객이 줄었을 뿐이니 괜찮은가? 여기서 평가는 갈렸습니다. 공장 내 살균제, 탈취 장치의 경우 반응이 좋았습니다. 다시 말해, <u>위생과 직결되는 일련의 제품을 판매할 때 반응이 좋아지는 것</u> 같습니다.

하지만 '음, 식중독 불안을 완화하면 되나? 그럼 나도 지금부터 하자'라고 생각하면 이미 늦습니다. 왜냐하면 타이밍을 놓쳤기 때문입니다.

타이밍의 문이 열리는 순간은 아주 잠깐입니다. 그 문이 열리는 순간에 바로 행동해야 합니다. 이 타이밍은 굉장히 중요합니다. 적절한 메시지가 전달되면 아무런 저항 없이 반응이 일어납니다. 하지만 이 타이밍을 놓치면 반응 속도가 급격히 감소합니다.

'바보가 팔아도 돈 버는 상품'을 노려라

제가 '이거 팔리겠네'라고 판단하는 것은 어떤 상품일까요? 한마디로 아무것도 고안하지 않고, 아무것도 생각하지 않았는데도 많은 고객을 끌어들이는 상품입니다. '이거, 생각을 많이 했군'으로 여겨지는 방법으로 팔리는 상품에는 별로 흥미가 없습니다.

반대로 어리석게 팔리는 상품에 관심이 있습니다. 부유한 상인들은 바보들도 팔 수 있는 제품을 취급합니다. 한 가난한 상인은 "이것은 경쟁 제품보다 싸고, 경쟁 제품보다 더 좋습니다. 틀림없이 잘 팔릴 거예요"라고 혼자 흥분하며 말합니다. 이것이 빈부의 차이입니다.

이런 관점에서 볼 때, 다음 전단을 만든 신발가게는 부유한 상인의 길을 가고 있다고 할 수 있습니다.

전혀 고심하지 않은 전단입니다. 한 가지 색상이라 비용도 많이 들지 않습니다. 아무런 공부도 하지 않았는데도 불구하고 손님이 몰리면서 매출이 오릅니다. 작은 소리로 알려주고 있지만, 1만 장의 전단 배포로

외반모지, 편평발 등
다리의 장애를 진지하게 생각해서
만드는 신발입니다.

- ○○현 최초의 **본격적인 주문 제작 신발** 가게입니다.
- **외반모지, 편평발** 등으로 고민하시는 분들은 지금까지 두꺼운 교정화에 가까운 신발로 참으셨겠지만, 저희 매장의 맞춤 신발은 **장애 대응과 멋**을 모두 갖춘 21세기형의 새로운 신발입니다.
- 물론 건강한 분들을 위한 **세련된** 신발도 많이 있습니다. 펌프스에서 부츠까지 다양한 상품을 갖췄으며, 사진이나 보관 샘플에서 제작할 수도 있습니다. 세상에 둘도 없는 당신만의 한 켤레를 만들어 드리겠습니다.
- 저희 가게의 주문 신발은 모두 **토르말린 깔창**이 들어 있습니다. 토르말린은 원적외선 효과와 음이온 효과로 혈액 순환 촉진, 피로 회복, 제균 효과가 있다고 알려져 있습니다. 건강을 진심으로 생각한 맞춤 신발입니다.
- **발과 건강에 대한 전문가**가 당신의 발을 **최신 측정기**로 체크(무료), 당신의 진료기록 카드를 작성하고 당신의 발 모양을 측정해 딱 맞는 한 켤레를 만들어 드립니다.
- **남성 맞춤 신발**도 갖추고 있습니다. 기성화가 부족한 분, 나만의 멋을 즐기고 싶은 분, 상담해 주세요.
- 신발과 코디할 수 있는 **가방이나 지갑** 등도 있습니다. 당신의 센스를 120% 표현하세요.

> **선물 증정**
> 기간 중 방문하는 모든 분께 **건강 경혈 지압 '밟는 타로'**를 선물로 드립니다.

구두공방 ○○○○
연중무휴 10:30 ~ 19:30

매출이 180만 엔 증가했습니다. 고객 유치율이 매우 높고, 판매율도 매우 높습니다.

또한, 재구매율도 상당히 높습니다. 고객들은 정장이나 캐주얼일 때 등 혼자서 몇 켤레를 살 것입니다. 발의 상태가 좋아지면서 신발의 모양도 바뀌어 새 신발이 정기적으로 만들어집니다. 말하기 민망한 주제가 아니기 때문에 입소문을 퍼뜨리기 쉽습니다.

잠재 고객을 유치하고, 계약을 체결하며, 반복 구매를 하는 것은 쉽습니다. 그러면 예상 고객을 모으는 것도, 계약하는 것도, 재구매시키는 것도 간단합니다. 바보라도 돈을 벌 수 있는 제품의 조건을 충족시킵니다.

앞으로 경쟁자들이 이 시장에 뛰어들면서 점점 가격이 내려가니까 제 생각이 영원히 지속될 수는 없지만, 지금 시점에서는 몰래 돈을 벌 수 있을 것 같습니다. 발 마사지 업소가 많아지고, 고령화 사회에서 건강에 관심을 둔 사람이 많아짐에 따라 맞춤형 신발은 앞으로도 계속 늘어날 것입니다.

기억상실에 걸려도 기억하고 싶은
마케팅 7원칙

"만약 기억상실에 걸린다고 해도 기억하고 싶은 지식은 대체 무엇인가요?"라는 궁극적인 질문을 한다면, 정말로 중요한 것을 알려드리겠습니다. 바로 다음의 일곱 가지입니다.

1원칙. 긴급성

긴급성은 가장 큰 행동의 원천입니다. '긴급'이라는 말 하나로, 사람을 움직일 수 있는 마법의 말이기도 합니다. 그 정석은 **'긴급 안내, ○○에서 ○○이신 분!'**이라는 표현으로 쓰기 시작합니다.

제가 '긴급'이라는 말을 중시하는 이유는 긴급하다고 말하는 순간 도대체 무엇이 긴급한지, 누구에게 긴급한지, 왜 긴급한지 등 매우 중요한 마케팅 업무를 고려해야 하기 때문입니다. 더군다나 긴급하므로 정교하게 디자인하면 오히려 역효과가 납니다. 그래서 간단히 손으로 쓴 디자인으로도 갈 수 있습니다.

좀 더 자세히 설명하자면, '긴급 안내, ○○에서 ○○까지인 분'이라는 부분은 좁히기 원칙입니다. 좁혀지는 것은 **고객 대상의 특징을 두 가지 이상 설명**하는 것에서 비롯됩니다.

예를 들어, '60대에게 긴급 안내'만으로는 약합니다. 범위를 좁힐 때는 ① 원근(遠近)이 다 되는 안경 사용, ② 60대에게 긴급 안내 등이 있습니다. 이렇게 하면 단번에 구체화됩니다.

그리고 '긴급 안내인데 도대체 무엇을 안내하는 것인가?' 이렇게 자신에게 질문함으로써 읽는 사람에게 장점이 되는 것을 안내해야 한다고 자신을 몰아붙입니다.

예를 들면, '우대 가격으로 서비스 혹은 상품을 구입할 수 있다', '샘플에서 무언가를 받을 수 있다'라는 장점입니다. 그러면 이제 극단적인 이야기인 '지금 당장 전화하세요'라는 행동에 대한 호소로 끝납니다.

이것이 **현재 존재하는 가장 간단하고 강력한 고객 유치 방법**입니다.

2원칙. 한정

전단과 광고가 아무리 좋아도 한정 없이는 고객이 움직이지 않습니다. 한정에는 수량 한정과 기간 한정이 있습니다. 기간 한정은 기한이 짧은 경우에 사용합니다. 사람의 관심이 21일까지 지속된다는 점을 고려한다면, 마감을 한 달로 하는 것은 너무 깁니다. '아직 한 달 남았으니까'라고 행동이 미루어집니다. 그래서 한정 기간은 길어야 3주 정도로 해야 합니다. 기간 한정에는 '그 기간을 넘으면 반응이 줄어든다'라는 위험성이 있습니다. 그래서 수량 한정이 더 안전할 수 있습니다.

수량 한정일 경우 '그것을 얼마나 진실하게 전달할 것인가?' 하는 것이 포인트입니다. 다만 진실성을 표현하기 위해서는 매우 섬세한 문장으로 끝나야 합니다.

얼마 전에 카탈로그 무료 배포 광고가 있었습니다. 온라인 판매 카탈로그인데, 보통 카탈로그 같은 것을 '한정품'으로 할 수는 없습니다. 소비자는 '카탈로그는 없어질 리 없다'라고 생각하기 때문입니다.

그러나 카탈로그는 '마케팅 도구이기 때문에 언제든지 있다'라고 생각하지만, 그것을 '가이드북'이라고 바꾸면 한정의 의미를 가져옵니다. 또한, 다음과 같은 표현을 은근히 덧붙이면 진실성이 나옵니다.

[사과] 이 가이드북은 기간 한정으로 부수가 제한됩니다.
인쇄 부수가 없어지는 대로 배포가 중지되므로, 미리 양해 바랍니다.

교육 사업에서 한정적으로 진실성을 갖도록 하는 방법으로는 <u>전단에 남은 숫자를 쓰는 것</u>입니다. 신칸센 티켓을 구입할 때를 기억해보십시오. 눈앞에 남은 좌석 상황을 보여주는 디스플레이가 있습니다. ○는 좌석이 충분하고, △는 이제 얼마 남지 않았으며, ×는 판매종료라는 메시지입니다. 거기에 △ 표시가 적혀 있으면 서둘러 구입하게 될 것입니다.

그래서 전단에 남은 좌석에 대한 정보를 올리면 발신자의 반응이 완전히 달라집니다. 중요한 것은 거짓말을 하지 않는 것입니다. 손님은 쉽게 거짓말을 간파합니다. 어디까지나 진실을 전달하는 것이 효과적입니다.

이처럼 **인간은 단순한 연상에 의해 움직입니다.** 그 연상을 활용하면 더 많은 고객을 유치할 수 있습니다.

3원칙. 팩스[9]

팩스를 활용하면 매출이 쉽게 올라갑니다. 이 사실도 저는 기억상실에 걸려도 기억하고 싶은 것입니다. 참고로 우리 회사 매출의 대부분은 팩스입니다. 물론 팩스가 아니라 인터넷도 좋습니다. 솔직히 인터넷은 방법을 알면 매우 효과적입니다. 그런데 그 방법을 잘 모르니까 살 생각은 없지만, 물어보는 손님들만 모입니다.

팩스는 전화선을 연결하는 것만으로 현금 자동 인출기가 됩니다. 팩스 회원을 모집하면 팩스를 보내는 순간부터 3일 이내에 돈을 벌게 됩니다. 이것은 매우 중요한 지식이지만, 거의 사용되지 않고 있습니다.

매출이 떨어지는 달에 한번 팩스로 특가 정보를 흘려보세요. 그것만으로도 매출을 쉽게 올릴 수 있습니다. 팩스를 100% 활용하세요.

4원칙. 손가락 움직임

고객의 손을 움직이면 매출이 올라갑니다.

---

9) 팩스 : 오래된 기술이라서 많은 사람이 '팩스는 너무 낡았다!'라고 생각할 수도 있습니다. 그러나 통신비가 내렸기 때문에 법인 영업에서는 팩스가 지금도 예상외로 유효합니다.

예를 들어, 당신이 TV를 산다면 TV 스위치를 여러 번 눌러본 뒤 구입할 것입니다. 채소를 살 때도 바구니에 넣기 전에 채소 몇 가지를 만져 볼 것이고요. **손가락 하나로**[10] 그것을 사려는 인간의 본능은 어디에서나 똑같습니다. 즉, 매출이라고 하는 것은 고객이 조용할 때는 오르지 않습니다. 고객의 몸을 움직이게 해야 매출이 올라갑니다.

물론 팔기 위한 단서는 중요합니다. 고객이 알아들을 수 있는 말을 선택해야 합니다. 그래도 반응이 안 올라가면 어떡할까요? 그 경우에는 손을 움직이게 하는 것입니다.

이전에 실천회의 골드 회원 전용으로 인터넷 세미나 DM을 보냈습니다. 저는 이 DM에 미국에서 수입한 얇은 볼펜을 붙였습니다. 이유는 개봉률도 높아지고, 신청서 기입률도 높아지기 때문입니다. 좀 더 반응을 올리고 싶을 때 이렇게 하면 확실히 반응을 얻을 수 있습니다.

그런데 볼펜을 붙이면 꼭 "볼펜을 붙이는 데 얼마나 드나요?"라고 질문하는 사람이 있습니다. "가격은 한 개에 50엔입니다"라고 대답하면 "그럼 수지가 안 맞겠네요"라고 합니다.

이래서 지식이 있어야 합니다. 예를 들어 80엔의 우송비가 볼펜을 넣어서 120엔이 됐다고 가정해봅시다. 그래서 응답률이 1% 또는 1.5%로 올라가면 어떻게 될까요?

80엔의 경우는 고객 획득 비용은 8,000엔입니다. 120엔의 경우도 고객 획득 비용이 8,000엔입니다. "그럼 변하지 않는 거 아니야?"라고

---

10) 손가락 하나로 : 인터넷의 경우 배너 광고에 커서를 대면 더 좋은 정보를 볼 수 있습니다. 이로써 관심 있는 고객에게 광고를 제공해 클릭률이 증가합니다. 단, 제품 신청은 최종 단계에서 가능합니다. 간략한 단계로 준비하세요. '구매를 원하는 고객에게 빠르고 쉬운 프로세스 제공'이 원칙입니다.

할지도 모릅니다. 그러나 120엔의 경우는 반응률이 1.5%가 되어 획득하는 고객 수가 많아지는 것입니다. 0.5%의 차이는 매우 큽니다. 또한, 실제 반응률이 1.5%는커녕 더 증가하는 일이 많습니다.

이 방법은 볼펜에 한정할 필요가 없습니다. '입체적인 물건'을 넣으면 됩니다. 이를 램피 메일이라는 DM에 입체물을 동봉하거나 편지 위에 첨부하는 것입니다.

예를 들어, 돋보기를 사용해 '이 돋보기로 자세히 읽어 주세요'라고 하는 첫머리로 DM이 시작됩니다. 홍차 티백을 첨부해서 '○○○로 고민하시는 분, 우선 편안히 쉬세요'라는 제목으로 시작해서 '우선 홍차를 마시고 휴식을 취한 뒤 우리의 서비스를 만나보세요'라는 패턴의 DM입니다.

저는 예전에 청소회사 DM을 썼을 때 스테인리스 판을 네모나게 잘라서 편지에 붙였습니다. 제목은 '저에게 30분 주세요. 당신의 사무실을 이 거울처럼 반짝반짝 빛내겠습니다'라는 것이었습니다. 자신 있는 DM이었지만 이 DM은 기각됐습니다. "이러면 영업사원의 영업능력이 늘지 않는다"라는 사장님의 한마디로 말이죠.

5원칙. 과감한 보증

대부분 기업은 보증을 서야 한다고 해도 하지 않습니다. 그러나 와인 가게도, 라면 가게도 '맛있지 않으면 돈을 받지 않습니다'라고 했을 때 환불 의뢰는 없었습니다.

보증의 포인트는 과감히 보증하는 것입니다. 어중간한 보증은 전혀 의미가 없습니다. 정말 과감한 보증만이 매출을 올릴 수 있습니다. 보증이 적용되는 이유는 다음과 같은 판매 공식 때문입니다.

세일즈 공식 : GP1+GP2+RR=경쟁자를 압도하는 매출

GP1은 굿 프로덕트(Good Product). 즉, 좋은 상품입니다. GP2는 굿 프로스펙트(Good Prospect). 즉, 좋은 전망입니다. 그리고 RR은 리스크 리버설(Risk Reversal). 위험한 변화입니다.

매출을 올리기 위해서는 좋은 상품과 좋은 잠재 고객이 없다면 말도 안 되는 일입니다. 거기에 더해 위험을 피하는 것이 필요합니다.

말을 판매하는 회사가 두 곳 있었다고 가정해보겠습니다. A사는 다음과 같이 멋진 말을 판매합니다.

"오, 이것은 훌륭한 말이에요. 정말 빨리 달립니다. 가격은 1,000만 엔입니다."

반면에 B사는 그만큼 훌륭한 말을 이렇게 판매합니다.

"오, 이것은 훌륭한 말이에요. 가격은 1,100만 엔입니다. 정말 빨리 달립니다. 하지만 정말 훌륭한 말도 골절되면 의미가 없겠죠. 이 말이 정말 좋은 말이라 이상이 생기는 일이 없다는 것을 3일 동안 자유롭게 타면서 아셨으면 합니다. 그 후 100% 만족 시 구입하시면 됩니다."

당신은 어느 말을 살까요?

그렇습니다. 100만 엔 정도의 차이는 아무렇지도 않습니다. 리스크 리버설, 즉 리스크를 고객 쪽에서 자기 쪽으로 옮겨줍니다. 이것이 보증입니다.

상품에 자신 있다면 과감한 보증을 안 할 이유가 없습니다. 그런데도 반품되면 어쩌나 하는 두려움이 있습니다. 아직 저처럼 보증[11]을 서는 컨설팅 회사는 보지 못했습니다. 그래서 저만 돈을 버는 것입니다.

반품받는 것은 솔직히 기분이 안 좋습니다. 하지만 손님이 모이지 않는 것은 더 기분이 좋지 않습니다. 게다가 <u>반품률이 4%를 넘는다면 그 것은 상품에 치명적인 문제가 있는 것입니다.</u> 그런 상품은 가지고 있는 만큼 시간 낭비입니다. 보증이나 가격 인상으로도 흡수될 수 있는 문제입니다.

과감한 행동을 취할 수 없는 회사는 성공하지 못합니다. 근본적인 원인은 **실패하는 것이 두려운 것이 아니라 성공하는 것도 두렵다**는 것입니다. 변화를 두려워해서는 아무 일도 일어나지 않습니다.

6원칙. 명확한 지시

대부분의 사람은 뇌를 사용하지 않습니다. 매일 정해진 루틴을 반복

---

11) 저처럼 보증 : 저는 독립 초기, 실적이 적었을 때는 마케팅 반응률이 안 좋으면 컨설팅 요금을 전액 환불, 대부분 교재에 만족도 보증(만족스럽지 않으면 60일 이내에 반품 → 환불) 등 많은 환불 보증을 실시했습니다.

하는 것만으로도 삶이 끝납니다. 그래서 사람을 움직이는 것은 쉬운 일입니다. 대부분의 사람은 지시받기를 기다리고 있습니다. 그래서 명확한 지시만 내리면 자신이 원하는 대로 움직일 수 있습니다.

실천회 회원의 키타큐슈의 끈 가게인 '지지야'는 매장에 재미있는 간판을 내걸었습니다. "이 가게는 '오, 지지야. 재미있는 이름이네'라고 말한 뒤 들어와야 합니다"라고 했더니 많은 고객이 정말 "오, 지지야. 재미있는 이름이네" 하고 들어왔다고 합니다. 그만큼 **사람은 아무 생각도 하지 않습니다.** 예를 들어 '전화 한 통 걸기' 같은 행동을 취하는데도 '지금 바로 전화'라는 카피가 있어야 움직일 수 있는 것입니다.

이것은 중요한 일입니다. 자신의 광고 전화번호 앞에 행동을 요청하는 말이 있는지 지금 바로 확인하세요. '지금 당장'이라고 표현하자마자 그 뒤를 잇는 구체적인 행동을 지시해야 합니다. 고객에게 전화를 받고 싶으세요? 고객 지원 담당으로부터 설명을 원하시나요? 아니면 고객의 방문을 원하시는 것인가요? 이 부분은 판매자가 명확히 설명할 필요가 있습니다.

고객의 방문을 원하시면 지도를 넣어야 합니다. 즉, 고객이 위치를 알고 있더라도 지도가 필요한 것입니다. 이것은 통계상 분명합니다. 누구나 알고 있는 곳의 지도를 넣으면 더 많은 사람이 그곳으로 발길을 돌리는 것입니다. 그런데도 많은 회사는 노력을 아까워하고 뻔한 일을 하지 않습니다.

7원칙. 고객의 소리

마지막 7원칙은 '고객의 소리'입니다. 이것에 대해서는 실천회에서 개최한 사장님 아카데미상[12]에 훌륭한 입상작이 있습니다.

된장이나 간장을 취급하는 식품회사가 만든 카탈로그로, 이른바 요리 레시피 모음집입니다. 이 레시피 모음집은 프로가 만든 것이 아닙니다. 고객과 직원의 공동 작업으로 만든 것입니다. 즉, 마지막 편집은 직원이 했지만, 내용은 손 글씨거나 간단한 워드프로세서 등으로 고객이 만든 것입니다.

이것을 받은 사람은 어떻게 생각할까요?

상품인 된장이나 간장의 '맛'은 관계가 있을까요? 아닙니다. 왜 그럴까요? 레시피 모음집에서는 맛에 대한 인상은 알 수 있지만, 맛 자체는 모르기 때문입니다. 가격은 관계가 있을까요? 아닙니다. 왜냐하면, 된장 간장 정도면 충동구매 가격의 범위 내에 있기 때문입니다. 그럼 고객은 무엇을 느끼고, 이 회사의 고객이 되는 것일까요?

고객은 '이 카탈로그를 만든 고객들의 즐거워 보이는 커뮤니티'에 가입하고 싶어 합니다. **공감할 수 있는 커뮤니티에 소속되어 있다는 안심**을 느끼며 식사하고 싶어 합니다. 자신이 만든 레시피로 카탈로그[13]를 만드

---

12) 사장님 아카데미상 : 간다 마사노리의 고객 획득 실천회와 고사카 유지의 와쿠와쿠계 마케팅 실천회의 공동 개최로 2001년부터 매년 1회 행한 이벤트(현재는 와쿠와쿠계 마케팅 실천회의 단독 개최)입니다. 실천회 회원으로부터 실천 사례를 모집해 심사 후 그랑프리와 각 상이 결정됩니다. 제1회 개최에서는 간다 마사노리와 고사카 유지가 인형으로 등장해 관객을 놀라게 했습니다.

13) 카탈로그 : 요즘은 카탈로그 등을 인쇄하지 않아도 인터넷으로 정보를 얻을 수 있게 되어 있습니다. 그래서 많은 회사가 보도나 카탈로그 등 인쇄물을 나눠주지 않게 됐습니다. 하지만 그래서 지금 정성스럽게 도움이 되는 카탈로그를 제작하면 확실히 고객이 기억할 수 있는 회사가 될 수 있습니다.

는 회사. 그런 회사의 상품에서 고객 유출이 될까요? 이것에 대해서도 대답은 '아니오'입니다. 이 회사 사람과 적극적으로 이야기하고 싶어 할까요? 바로 그렇습니다. 그리고 이야기를 나누면 더 빠져들게 되고 빠른 속도로 팬이 됩니다.

물론 레시피 내용도 훌륭합니다. 이 카탈로그는 나누어주기 시작하면 마음대로 혼자 돌아다니는 홍보 도구가 될 것입니다. 언론사에서 연락이 옵니다. 레시피 모음집은 꽤 잘 팔리게 되고, 출판사도 움직이기 시작할지 모릅니다. 무료로 홍보할 수 있을 뿐만 아니라 인세가 더 들어올 수 있습니다. 게다가 이 콘텐츠는 인터넷으로 메일 전송도 할 수 있습니다. 이렇게 한번 정보를 정리하면 여러 번 재사용이 가능합니다.

이것을 '**콘텐츠 비즈니스**'라고 합니다. 된장이나 간장이 아닌 공감할 수 있는 커뮤니티에 대한 소속감을 사는 것입니다. 콘텐츠 비즈니스라고 하면 많은 분이 '뭔가 정보를 팔아야 한다'라고 생각하지만 그렇지 않습니다. **된장이나 간장조차 콘텐츠화할 수 있는 것입니다.**

여기까지가 기억상실에 걸려도 기억하고 싶은 마케팅 7원칙입니다. 이것만 알고 있으면 즉시 매출을 올릴 수 있을 것입니다.

◆ 제2장 ◆
간다 마사노리의
마케팅 필살기

다이렉트 마케팅에는 몇 개의 효과적인 '결정 기술'이 있습니다.
제2장에서는 그것들을 자기 회사의 사정에 맞춰 적용해서
실적을 비약적으로 향상시킨 예를 소개합니다.
물론, 현재도 여전히 모두 사용할 수 있는 기술입니다.

'보증'
추가

보증이 있어서 구입했나?

먼저 다음 신문 기사를 보세요.

실직하면 100만 엔입니다! 대출 변제

오사카부 토요나카시에 본사를 둔 N주택산업은 5월 21일 '주택의 구입자가 도산 정리해고 등의 회사 사정으로 실직한 경우, 주택융자를 최대 100만 엔 대신 상환하는 제도를 준비했다'라고 발표했다.
이 제도는 고용 불안으로 주택 구입이 진전되지 않은 측면이 있다고 보고, 그에 따라 마련된 제도다. 우선 1999년의 주택 구입자에게 적용하지만, 경기 동향에 따라 연장하는 것도 고려하고 있다. (이하 생략)

'정리해고 보증'은 확실히 시의적절한 기획이었습니다. 주택을 구입한 뒤 정리해고를 당해 실직하면, 최대 10만 엔을 열 번 받을 수 있는 구조입니다. 즉, 만일 실직하더라도 10개월 동안은 이자를 낼 수 있습

니다. '그사이에 일자리를 구하세요'라는 훌륭한 제안입니다.

보증이 중요한 이유는 보증을 함으로써 보증 비용보다 이익이 더 오르기 때문입니다. 즉, 100만 엔을 할인해서 계약하는 것보다는 100만 엔을 보증해서 정가에 판매하는 것이 확실히 이익을 볼 수 있다는 것입니다. 예를 들어 '실업 시에는 100만 엔 보증'이라고 판매함으로써 고객이 10명 늘었다고 가정해봅시다. 하지만 그중 실직하는 사람이 1명이면, 1인당 보증 비용은 10만 엔입니다. 이 제안이 의도하는 바는 가격을 낮추지 않고는 차별화할 수 없지만, 이 보증을 추가함으로써 10만 엔의 보증 비용만으로 차별화를 하겠다는 것입니다.

이것을 적용하는 데 있어서 먼저 생각해야 하는 것은 현재 고객이 구입에 있어서 망설이고 있는 불안한 사항과 그 불안에 대해 어떤 보증을 설 수 있는가 하는 것입니다. 꼭 시도해보셨으면 좋겠습니다.

과감한 보증은 당신의 지명도가 낮은 경우에 그것을 보충해서 큰 효과를 낼 수 있습니다. 보증을 서면 고객이 안심하고 살 수 있기 때문입니다. 충분한 지원을 했는데도 환불 의뢰를 받으면 확실히 기분이 좋지는 않습니다. 하지만 환불 의뢰를 크게 웃도는 '보증이 있어서 구입'하는 구매자가 있습니다. 그래서 보증 내용에 공을 들이는 것은 매우 중요합니다.

덧붙여서 미국의 가전제품점에서는 본체로는 돈을 벌지 못하기 때문에 연장 보증을 판매함으로써 돈을 벌 수 있는 구조를 만들고 있습니다. 그 연장 보증의 매출총이익은 90% 이상의 대단한 이익이라고 들었습니다.

보증을 잘 사용하는 것이 중요하다는 것은 아셨을 것입니다. 보증이라고 해도 그냥 하고 있으면 안 됩니다. 이제 보증은 누구나 하고 있습니다. 그래서 보증에 대해서 좀 더 자세히 설명하겠습니다.

무조건 보증 vs 조건부 보증

무조건 보증이란 '만일 상품에 만족하지 못할 경우에는 어떤 이유로도 환불해드립니다'라는 보증입니다. 이 보증은 판매 측면에서 뛰어납니다. 즉, 보증을 하면 매출 향상에 도움이 됩니다. 그래서 표현을 깊이 고민해서 눈에 띄게 작성해야 합니다.

반면 조건부 보증이란 '고장이 발생하면 조건을 충족했을 때 보증해드립니다'라는 것입니다. 일반적으로 조건부 보증은 판매 측면에서는 효과가 뛰어나지는 않습니다. 또한, 조건 해석에 대해 고객과 트러블이 발생하는 원인이 됩니다. 애초에 보증을 신청한 화난 고객에게 보증서 조건에 부합하지 않아서 보증할 수 없다는 것은 불에 기름을 붓는 것과 같습니다.

따라서 매출 상승을 위해 보증을 활용한다면 먼저 무조건 보증을 하세요. 참고로 무조건 보증과 조건부 보증을 조합하는 것은 괜찮습니다. 예를 들어 '60일간 무조건 보증'과 '365일간 조건부 보증'은 좋은 보증입니다.

단일 보증 vs 복수 보증

보증 내용은 1개의 보증보다 2개의 보증이 더 좋습니다. 2개보다 3개의 보증이 더 안심입니다. 즉, 고객이 구입에 있어서 불안해하는 사항에 대해 모두 보증해주면 되는 것입니다. 이 팔리지 않는 시대에 고객이 무엇에 불안이 있는지, 무엇이 판매에 걸림돌이 되고 있는지를 알아보는 것은 매우 중요합니다. 판매에 걸림돌이 어디에 있는지를 알면 대응책을 취할 수 있을 것입니다.

구입 전 고객 불안 목록을 만들어 목록 항목 **하나하나를 사전에 없애는 것**입니다. 이 대책을 상담의 시작으로 해두지 않으면, 시간이 흐를수록 불안의 싹은 점점 자라납니다. 보증 내용은 미리 신중하게 생각해두는 것이 좋습니다.

주택업계를 예로 들면, '구조조정 보증', '하자주택 보증', '완성 보증', '최저가 보증' 등입니다. 타사에서 오용될 수 있는 것을 원하지 않지만, 보증은 많을수록 좋습니다.

그런데 보증이라는 것은 어디까지나 구입하는 마음을 움직여야 의미가 있습니다. 그래서 보증을 차별화하기 위해서 홍보 문구를 신중하게 생각할 필요가 있습니다.

'14일 이내의 미개봉 상품에 한해 환불해드립니다(반송료 고객 부담)' 같은 것은 안 됩니다. 낡아서 아무런 소용이 없습니다. 같은 보증이라도 표현에 따라 효과가 크게 달라집니다. 예를 들어 다음과 같은 보증은 어떨까요? 좀 과장되게 써보겠습니다.

'만일 이 상품 품질에 **만족하지 못하거나** 주변분 3명에게 말하고 싶지 않은 경우, 저희는 이유를 전혀 묻지 않고 전화만 주시면 기꺼이 영업일 3일 이내에 신속하게 전액 환불해드리겠습니다.' ← (필요한 요소를 소개하려고 일부러 조목조목 썼습니다. 적당히 짧게 줄여주세요.)

핵심은 보증 내용만 읽어도 '상당히 품질에 자신이 있구나'라고 생각하게 만드는 것입니다.

보증과 취소의 관계

여기서 제가 받았던 질문을 소개하고 싶습니다.

질문 : "정기 구독지를 판매하고 있는데, 간다 마사노리 선생님이 하시는 것처럼 보증을 섰더니 큰 폭으로 주문이 늘었습니다. 문제는 취소율을 어떻게 줄이냐는 것입니다. 얼마나 취소가 나올지 모르겠지만, 좋은 아이디어가 있을까요?"

취소율을 줄이려면 애초에 상대방이 조금이라도 위험을 떠안게 하는 것이 최선입니다. 전혀 리스크가 없는 후불이라면 취소율은 엄청날 것입니다. 저 같은 경우 창업 초기에 후불로 하면 20% 정도의 취소를 당했습니다. 그런데 선불로 하면 취소는 크게 줄어듭니다. 2% 정도 취소됩니다. 물론 주문도 줄어들겠지만요.

취소를 줄이는 또 다른 방법은 '좋은 사람'이 되는 것입니다. 즉, 처음에는 **약속하지 않았던 서비스를 무료로 제공합니다.** 예를 들어 반품되는 시기가 한 달 뒤 정도라면, 상품을 보낸 며칠 뒤 당신의 결정이 옳았음을 칭찬하는 편지를 보냅니다. 일주일 후에 관련된 팸플릿이나 카탈로그를 무료로 보냅니다. 한 달 뒤에 다시 선물을 보냅니다… 등등. 이처럼 원래 약속하지 않은 서비스를 무료로 제공해 만족도를 높이는 것입니다.

또한, 인간관계를 형성하면 반품률은 줄어듭니다. 무슨 말이냐 하면, 회사 대 개인의 관계라면 반품에 대해서는 큰 저항이 없습니다. 그래서 개인화된 DM 등으로 개인 대 개인의 관계를 구축하게 된다면 반품은 적어집니다.

계기(제안)
만들기

'무료 진단'이라는 계기

고객의 관심을 끌기 위해서는 첫 번째 계기가 필요합니다. 어떻게 첫 번째 계기를 만들면 좋을까요? 제가 회원님께 받은 질문과 그 답을 소개해드리겠습니다.

질문 1 : "저희는 리모델링 업체입니다만, 이른바 '무료 진단'[14]이라는 것은 효과가 없다고 생각합니다. 예전에 '무료로 진단해드릴게요'라고 기존 고객에게 제안했는데, 손님은 '나쁘지도 않은 곳을 나쁘게 진단받아서 물건을 팔면 큰일이다'라고 생각하더라고요. 그래서 전혀 효과가 없었습니다. 하지만 손님이 '여기를 고쳐달라'라고 해서 리모델링에 들어갔을 때는 '그 밖에 뭔가 고쳐야 할 곳은 없나요?'라고

---

14) 무료 진단 : '진단'이라고 하는 행위는, 고객에게 '전문성의 깊이'를 어필하는 데 효과적입니다.

물었더니 여러 가지로 장사가 됐습니다. 무료 진단을 효과적으로 할 수 있는 방법이 있을까요?"

무료 진단은 '판매'가 아니지만, 그 자체로 가치가 있어 보여야 합니다. 무료 진단의 방법이 괜찮다면 문제가 되지 않습니다.

예를 들어 '온수기 교체 촉진'을 위해 무료 진단하는 경우, '오래된 온수기를 사용하고 있으면 구체적으로 어느 부분의 안전성에 문제가 생기는지', '방치하면 어떤 문제가 발생하는지', '현재 어떤 문제가 발생하고 있는지', '어디가 쉽게 망가지는지', '그래서 어느 시점에서 안전성을 진단해야 하는지' 등을 구체적으로 설명하면 무료 진단 자체의 가치가 높아집니다. 그리고 '단순한 판매는 아니다'라는 진실성이 생깁니다.

질문 2 : "저는 학원을 운영하고 있는데요, 이른바 '체험 수업'이라고 하는 것을 어디에서나 하고 있어서 고객을 끌어들이는 데 도움이 되지 않습니다. 어떻게 해야 할까요?"

많은 학원의 광고지는 체험 수업 초대로 제공되고 있습니다. 하지만 '체험 수업을 들으면 얻을 수 있는 장점'은 잘 표현하지 않습니다. 대부분 학원이 표현하는 것은 '이 학원에 다니는 것의 장점'입니다. 학원에 다닐 때 전단을 보고, 바로 등록하는 사람은 없습니다. 순서대로 설명회나 체험 수업에 참여하는 단계가 반드시 있습니다.

첫 번째로 학생들이 체험 수업에 참여하기 위해서는 체험 수업의 장점을 적어야 합니다. 또 참여하지 않는 단점도 적어야 합니다. 대부분의 광고지에서는 이러한 것이 전혀 없어서 체험 수업을 초대하더라도 행동으로 이어지지 않습니다.

두 번째로 체험 수업의 가치를 높이는 것이 필요합니다. 체험 수업의 가치를 높이기 위해서는 무엇보다 가장 먼저 참여 **대상을 좁혀야** 합니다. 예를 들어서 '특별 체험 수업 초대'로 하는 것입니다. '이번에는 ○○중학교 학생 여러분을 위한 체험 수업', '이번에는 ○○초등학교 학생 여러분을 위한 체험 수업'…. 이처럼 대상을 좁히는 것만으로도 가치를 올릴 수 있습니다.

또한, **제안하는 양을 많이 늘릴수록** 가치를 높일 수 있습니다. 예를 들면, '참가할 수 있는 분에게도, 참가할 수 없는 분에게도, 성적이 오르는 DVD 1개를 무료 증정한다'라는 것입니다. 즉, 제안의 양입니다. 다른 학원이 하나의 제안이라면, 당신의 학원은 7개의 제안을 내놓으세요. 그러면 이길 수 있습니다.

다시 강조하자면, 사람을 설득하는 원칙은 '질보다 양'[15]입니다.

---

15) 양 : 간다 마사노리가 말하는 '압도적'이라는 것은 '양'을 가리킵니다. '많은 고객의 소리'가 '압도적인 증거'가 된다는 뜻입니다.

불변의 마케팅

'카탈로그'를 구조에 넣기

첫 번째 계기를 만들기 위한 또 다른 효과적인 방법을 알려드리겠습니다.

우선 제게 깊은 인상을 줬던 주택센터분의 편지를 살펴보도록 하겠습니다. 무려 5,500만 엔에 달하는 분양 주택 세 채가 놀랍게도 같은 날 매진됐습니다. 게다가 그들은 전단을 전혀 사용하지 않고, 다이렉트 우편으로 고객을 유치했습니다. 이것은 이번의 홍보 비용이 확실히 1만 엔 이하라는 것을 의미합니다.

이 지역에서 대부분 집은 약 4,000만 엔 정도입니다. 그렇다면 5,500만 엔짜리 집은 꽤 비싼 것으로 여겨질 것입니다. 그런데도 같은 날 매진됐습니다. 게다가 **쟁탈전**까지 있었습니다. 만약 이것이 단지 행운이라면, 그것은 '오, 좋네'로 끝납니다. 하지만 획기적인 의미가 있는 것은 **구조를 만들었다**는 것입니다.

'소규모 광고로 예상 고객을 모은다 → 카탈로그로 제안한다 → 그런 다음, 학습그룹에 그 예상 고객을 유치해서 잠재 고객을 선별한다'라는 구조입니다.

여기서 핵심은 잠재 고객을 끌어들이고 그들과 정기적이고 지속해서 연락을 취하는 것입니다. 그런 다음, 잠재 고객의 요구에 맞는 주택을 기획해 분양하는 것입니다. 한마디로 '고객을 모으고, 고객의 요구에 맞는 제품을 만드는 것'은 전혀 위험이 없습니다. 비즈니스에 있어 가장 효율적인 방법입니다.

간다 마사노리 선생님께

오랜만입니다. 간다 마사노리 선생님의 활약은 제가 사는 이 오사카의 지방 도시 도요나카시까지 전해지고 있습니다.
얼마 전에 선생님의 세미나를 들은 한 동종업자가 "이것은 굉장하다! 즉시 나도 도입할 거야"라고 말했습니다.

한발 앞서 간다 마사노리 선생님의 고객이 되어 다행이라고 안심하면서도 제 영역에서 동종업자가 같은 방법으로 시작하는 것에 위기감을 느끼고 있습니다.

하지만 여러 가지 시행착오를 겪으면서 아이디어를 내고 테스트하며 데이터를 만들어 도전하고 있습니다.

12월 2일 현재 고객 데이터가 456명이 있는데, 이 데이터는 선별된 숫자입니다. 약 800명 중에서요.

10월 11일의 행사(주거 만들기 실천회)에서는 실내 회의장을 빌려 실시했습니다. 50명밖에 수용할 수 없는 회의장에 178명이 입장했습니다. DM 초대장으로 29팀, 전단(간다 마사노리식 제안 광고)으로 신규 고객이 54팀, 총 178명이 회의장에 방문해주었습니다.

제5회 행사는 12월 5일로 예정되어 있습니다. 현재, 전화 홍보 없이 **DM만 보냈는데도 이미 희망자가 29팀**이 있습니다. 전화 홍보를 통한 행사 참여 요청을 했으니 이 숫자는 더 늘어날 것이 틀림없습니다. 참고로 DM은 412개를 보냈습니다.
이번 행사에서는 컴퓨터로 스크린을 사용하고, 패널 토론 방식으로 실천회를 진행합니다. 모임을 거듭할수록 점점 흥분되고 즐거워졌습니다.

그리고 또 한 가지 기쁜 보고를 드립니다. 제 현장(건축주택 3구획, 5,000~5,500만 엔)은 **전단 광고를 일절 사용하지 않고, 주거 만들기 실천회 회원에게 DM을 보낸 것만으로도 하루 만에 매진됐습니다.** 그것도 쟁탈전이었습니다. (이하 생략)

대부분 회사는 우선 상품을 만듭니다. 그리고 그 상품을 사줄 만한 고객을 찾죠. 이것은 실제로 굉장히 위험합니다. 그에 비해 이 주택센터의 구조는 압도적인 차이가 있다고 생각합니다.

구조라는 것은 돌기 시작하면 기세가 붙고 자연스럽게 속도가 빨라지기 때문에 잠재 고객이 잠재 고객을 부릅니다. 입소문이 나기 시작하니 광고 경비가 더 줄어드는 것도 놀라운 일이 아닙니다. 이 회사가 여기까지 오기까지 반년 정도 걸렸지만 잘 참았습니다. 직원분들과 협력자 모두에게 격려를 보냅니다.

'고객의 소리'를
모아라!

실천[16]하고 성과를 내는 기업도 좋지만, 한편으로는 아직 실천하지 못한 회사는 '나도 실천해야겠다'라고 조바심을 낼 수 있습니다. 근데 '무엇을 어떻게 해야 하나?' 하고 막막해할 것입니다. 여러분은 무엇을 어떻게 해야 한다고 생각하나요?

가장 쉬운 것부터 하면 됩니다. 그것은 가장 **간단하고 100% 확실하게 효과가 나는 방법**입니다. 그게 무엇일까요? 바로 '고객의 소리'를 모으는 것입니다. 고객의 소리를 모으는 것이 왜 중요할까요? 이유는 다섯 가지입니다.

① 고객의 소리를 DM 안에 넣으면, 계약률이 높아집니다.
② 고객의 소리를 사무실 벽[17]에 붙이면, 회사에 방문한 고객의 신뢰

---

16) 실천 : '실천은 명상보다 10배 더 멋집니다.' 간다 마사노리의 일관된 메시지 중 하나는 '무조건 실천'입니다.
17) 사무실 벽 : 고객의 칭찬 소리 모음(설문조사 결과, 편지 등)이 붙은 벽입니다. 이를 실천회에서는 '기쁨의 벽'이라고 부릅니다.

불변의 마케팅

를 얻을 수 있습니다.

③ 고객의 기쁨의 소리를 듣기 시작하면, 직원들은 일하는 것이 즐거워집니다.

④ 고객의 소리를 모으면, 뉴스레터를 발행하기 쉬워집니다(고객이 내용을 쓰게 되는 것과 마찬가지).

⑤ 고객 100명의 소리를 모으면, 훌륭한 카탈로그가 만들어집니다.

한마디로 모든 출발점을 '고객의 소리를 수집'함으로써 모든 것이 순조롭게 잘 돌아가기 시작한다는 것입니다. 고객의 소리를 모으기 시작하고 그것을 DM에 넣거나 벽에 붙이거나 하다 보면, 곧 고객의 소리가 점점 뜨거워집니다. 이런 징후가 나타나기 시작하면 잘되고 있다는 증거입니다(확실히 이런 전개가 됩니다).

처음에는 고객들의 소리가 '뭔가 부족하다', '읽어도 재미없다'라고 느낄 수 있습니다. 하지만 10~20개를 모으면 그 안에는 일러스트를 그리거나 스티커 사진을 붙이거나 한 고객의 소리가 나오기 시작합니다. 그러면 그 열정적인 고객의 소리를 읽고, 더 많은 **열정적인 소리를 돌려주는 고객이 늘어나게 됩니다.**

하지만 어떻게 모으면 좋을까?

'고객의 소리'를 어떻게 모아야 하나 처음부터 고민하는 사람들이 있습니다. 그런데 아주 간단합니다.

가족이나 친척에게 먼저 써달라고 합니다. 그리고 그다음에는 단골에게 써달라고 합니다. 이렇게 하면 그것만으로 5~6개 정도의 '고객의 소리'가 모일 것입니다. 이것을 예로 들면서 '무엇이든 좋으니 당신의 소리를 들려주세요'라고 하면, 다른 고객들도 쓰기 쉬워집니다. 즉, '샘플'을 보여주는 것입니다.

참고로 법인의 경우는 담당자가 바빠서 써주지 않을 수 있습니다. 그런 경우에는 전화로 인터뷰하고, 그 내용을 스스로 적으세요. 그리고 서명만 받도록 해보세요.

어때요? 참 쉽죠? 정말로 이것만으로 고객도, 직원도, 거래처도 달라집니다. 아무것도 하지 않은 분들은 오늘부터 '고객의 소리'를 모아 보세요(참고로 설문지 형식은 안 됩니다. 자유 양식을 사용해야 합니다).

불변의 마케팅

시너지 마케팅
도입

타사 고객을 내 고객으로 만드는 방법

타사 고객을 내 고객으로 만드는 방법이 있습니다. 실천회에서 아카데미상을 공모했을 때 어느 보석상의 출품작을 봐주셨으면 합니다.

보석상의 매장에서 '보석을 1,000엔에 다듬어 준다'라는 서비스를 제공합니다. 그러면 그 매장에 고객이 방문했을 때 '보석을 세척하는 것뿐만이 아니라, 보석을 리폼하는 서비스도 있다'라고 알려주는 것입니다. 이렇게 하면 매장의 수익을 올릴 수 있습니다. 고객이 방문하게 되면 들른 김에 다른 상품도 구입하기 때문에 판매 이익을 얻는 구조입니다. 팩스로 보석상에 이렇게 DM을 보냅니다.

'팔리고 있어요! 맞아요!'

당신의 장롱에 잠들어 있는 보석을
수십 개라도 1,000엔에 닦아드립니다!!
이런 제안을 드립니다.

> 지금 작은 가게에서도 사용할 수 있는 '신규 고정고객 획득법, 동원 매뉴얼 및 행사 실적표'를 선착순 30명에게 <u>무료로</u> 드립니다.

"장롱 안에 보석이 팔릴 정도로 많아요. 더 이상 필요 없어요! 다른 가게의 가격은 더 쌀 거예요! 별로 디자인이 다르지 않아요! 더 새로운 것은 없나요?"

이것은 전국의 보석 가게 주인들이 실제로 고객들에게 들은 생생한 소리입니다. 가게에 기존 고객이 오지 않는다! 신규 고객이 줄었다! 가격만 듣고 나간다! 새로운 이벤트에 관해 이야기하면 고객은 **"어차피 팔려고 하는 거죠!"**라고 말합니다.

전국의 보석 가게를 돌아다녀 봐도 어디나 **"불경기니까 어쩔 수 없죠!"**라고 이구동성으로 말합니다. 정말 불경기라 물건이 안 팔리는 걸까요?

요즘 시대에도 여전히 많은 가게가 실적을 올리고 있습니다. 그런 가게는 무엇을 하는 것일까요? 많은 방법이 있습니다만, 굳이 하나 꼽자면, 끊임없이 여러 가지 방법으로 고객의 마음을 사로잡는다는 것입니다. 무궁무진한 방법이 있는데 **"불경기니까 어쩔 수 없지, 경기가 좋아져야지"**라며 경기가 회복되기를 기다리다가 지금 빈털터리가 된 상태는 아닌가요?

그러면 어떻게 해야 가게의 매출을 늘릴 수 있는 것일까요?

한마디로 말하면요.

<u>(1) 신규 고객을 개척합니다.</u>
<u>(2) 기존 고객이 쇼핑을 더 많이 하도록 합니다.</u>

이 2개밖에 없습니다. 그럼 어떻게 하면 식은 소비를 향상할 수 있을까요? 그것은 '**사실 내가 이런 상품을 원했구나!**'라고 고객이 알아차릴 수 있게 하는 것입니다. 당신은 이렇게 '새로운 수요 창출!'이라는 이벤트가 있다는 것을 알고 계셨나요? 저희는 고객님의 옷장 안에 잠들어 있는 오래된 보석을 전부 매장으로 가져오시면, 그 자리에서 새로운 수요가 일어나는 획기적인 구조를 개발했습니다. 구체적으로는 다음과 같은 내용입니다.

"○○ 씨, 1년에 한 번 정도는 반지도 세척해야 하지 않을까요? 이번에 저희 가게를 이용하시는 단골손님께 특별히 다른 가게에서 산 것이라도 새 상품과 같은 반짝임을 되찾을 수 있는

'슈퍼 정밀가공' 이벤트를 진행합니다. 베테랑 장인이 오셔서 눈앞에서 다듬어 드린답니다! 수십 점이라도 단돈 1,000엔! 흔치 않은 기회이니 보석 상자를 통째로 가지고 오시지 않겠습니까?"

이렇게 이야기하시면 됩니다. 당연히 수십 점이라도 1,000엔이기 때문에 고객은 옛날 반지를 가지고 오실 수 있습니다. 남편에게 받은 할머니의 유품이나 어머니의 선물 등 추억이 가득 담긴 보석을 말입니다.

그러면 우리는 "멋진 보석이네요! 여기에는 어떤 추억이 있나요? 그렇군요, 이렇게 바꾸면 멋질 거예요! 오래된 디자인이라고 내버려 두지 말고 추억과 함께 착용하세요!" 이렇게 자연스럽게 새로운 틀을 제안합니다.

저희는 다이아몬드가 들어간 상품을 500점 정도 보유하고 있습니다. 그래서 고객님이 보고 계신 그 자리에서 바로 사이즈를 조정해서 드릴 수 있습니다. 그대로 몸에 지니고 가시는 손님들뿐입니다. 취소 같은 것은 없습니다. 할인도 없습니다. 보통 보석 전시회에서 구매율이 30% 안팎이지만, 이 이벤트는 구매율 무려 70% 이상입니다! 고객들은 평균 70% 정도의 높은 비율로 기꺼이 구입해 집으로 돌아갈 것입니다. 다시 구입하고, 또 구입하고! 감동적이죠!

물론 "글쎄요, 신상품을 파는 게 더 벌어요!"라고 말씀하시는 것도 당연합니다. 하지만 여기서 생각해보세요. 판매뿐만 아니라 판매 후에 단골로 만드는 것도 중요한 일입니다. 이 이벤트로 고객에게 다음에 추천할 상품을 알 수 있습니다. 왜냐하면, 장롱 안에 있는 모든 보석을 가져오기 때문입니다. 그렇게 고객의 취향을 알 수 있고, 무엇이 부족한지 한눈에 알 수 있습니다!

- "가격은 얼마 정도부터 있나요?"라고 물어보신다면, 약 5만 엔에서 40만 엔 전후입니다. 평균 객단가는 15만 엔(가게에 따라 다릅니다)이고요.

저번에 고객님께서 말씀하셨어요. "일부러 보석을 세척하려고 보석 가게에 간 어렵더라고요. 뭐 사지 않으면 미안해요. 너무 오래된 것을 가져가는 것도요."

그렇습니다. 대부분 고객은 일부러 세척만 하려고 가게에 가기 어렵습니다. 이 이벤트를 하면 장점은 이렇습니다.

(1) 입소문을 타면 신규 고객을 개척할 수 있습니다.
(2) 고객의 취향, 재고, 다음에 추천할 상품을 알 수 있습니다.
(3) 불과 5~10만 엔의 투자로 단 이틀 만에 300만 엔 이상의 수입을 만들 수 있습니다.
(4) 만일 구매로 연결되지 않더라도 모든 고객의 감사를 받을 수 있습니다

이미 아시겠지만, 저는 8년 동안이나 이 시스템 구조로 팔아 왔습니다! 그동안 입소문으로만 퍼졌지만, 워낙 고객님께서 좋아하시니 '앞으로 적극적으로 판매 활동을 펼쳐보자!'라는 생각에 이렇게 팩스를 보내게 됐습니다. 한 지역에 한 점포만, 저희 회사와 협력할 파트너를 찾고 있습니다.

작은 가게에서도 사용할 수 있는 '신규 고정고객 획득법, 동원 매뉴얼 및 행사 실적표'를, 30부 한정으로 귀하에게 무료로 보내드립니다. 그러나 (이하 줄임)

이 회사는 이 구조로 4,907엔을 투자했고, 75만 엔이 돌아왔습니다! 이 회사의 사장님이 제게 "이것은 투자 대비 비용 효과로는 어떤가요?"라고 물었습니다. 투자 대비 비용 효과는 150배입니다. 매번 복권에 당첨되는 것과 같은 것입니다.

같은 고객층 회사의 홍보에 협력함으로써 다른 회사 고객을 자신의 고객으로 만드는 것은 훌륭한 마케팅 방법입니다. 이 방법을 **'시너지 마케팅'**이라고 부릅니다.

예전에 한 휴대전화 회사는 이 방법만으로 연간 30억 엔까지 매출을 올렸습니다. 이 회사는 비디오 대여점의 고객이 휴대전화 고객층과 같다는 것을 발견했습니다. 휴대전화 회사는 비디오 대여점의 고객 목록을 대상으로 회원 갱신 시에 매우 반응이 좋은 엽서를 DM으로 보냈습니다.

구체적으로는 스크래치 카드를 긁으면 '축하합니다. 핸드폰 당첨입니다'라는 메시지가 나타나는 내용입니다. 비디오 대여점으로서는 회원 갱신 시 갱신율이 인상됩니다. 휴대전화 회사로서는 비디오 대여점 앞에 책상만 놓아두면 줄줄이 휴대전화를 계약할 수 있는 구조입니다.

이 구조를 구축하는 방법은 간단한 질문을 해보면 됩니다. 자신과 같은 고객층을 가지고 있는 업계는 어디입니까? 그 고객 목록에서 판매할 수 있는 자사의 상품, 가능하면 충동구매를 할 수 있는 가격대의 상품은 있습니까? 이렇게 타사에 도움이 되는 구조를 만들면, 신규 고객은 광고가 아니더라도 모입니다. 매우 효율적인 방법입니다.

고객 리스트를 가진 회사에 접근하는 방법

건강식품 통신판매 회사의 우츠미(海内) 씨의 출품작[18]을 소개하겠습니다. 그는 아프리카 동백차라는 차를 온라인 판매하고 있습니다. 특히 주목해주셨으면 하는 것은 다음 두 가지입니다.

① 거래량 증가 이벤트를 진행했을 경우의 주문 수의 변화
② 시너지 마케팅 실천

①에 대해서는 우츠미 씨가 잘 정리해주시고 있어서 참고해주셨으면 합니다. ②의 시너지 마케팅에서 우츠미 씨는 고객 리스트를 가진 회사에 접근했습니다. 어떻게 접근했는지 알려드리겠습니다.

'귀사가 DM을 보낼 때 우리 제품의 DM도 동봉해주시겠습니까?'
'저희 제품은 아프리카 동백차인데, TV에 등장해 인기가 많습니다.'
'이미 반응이 입증된 DM이 있고, 이 DM은 최소 4%의 반응이 있습니다.'
'DM 비용은 당사에서 부담하겠습니다. 귀사는 팔렸을 때만 구입해주시면 됩니다.'
'저희도 만 명의 고객 리스트가 있습니다. 귀사의 상품을 (당사 고객에게) 안내해드릴 수 있습니다.'

---

18) 출품작 : 뉴스레터에 게재된 실천 사례는 실천회 회원들이 '사장님 아카데미상'에 출품한 작품으로 자리매김했습니다.

주식회사 알막
간다 마사노리 선생님

(주)진력사 우치다 미치유키(內田通之)

아카데미상 후보

처음으로 글을 올립니다.

솔직히 말씀드리자면, 지금부터 소개하는 비즈니스 모델의 내용과 데이터는 공개하고 싶지 않았습니다(갑자기 아까워서 죄송합니다). 하지만 회사 입장도 있으니 소개해드리려고 합니다.

저희 진력사는 건강식품 통신판매 회사입니다. 고객은 개인 사용자와 법인의 거래 고객입니다. 바로 당사의 히트 상품 '아프리카 동백차(다이어트 건강차, 50포 4,800엔)'의 **철판 비즈니스**를 소개하겠습니다.

(1) 진력사의 개인 고객 6,000명에게 차 샘플과 함께 감성적인 카피를 담은 DM을 보냈습니다. 물론 한 번이 아니라 조금씩 테스트 마케팅을 하면서 말이죠. 그랬더니 구매 **응답률이 10%, 객단가가 11,000엔**이었습니다. 이익도 상당했습니다.

(2) **여기서 끝나면 너무 아쉽습니다.**

'아프리카 동백차'를 이 제안이나 기획, 아이디어로 한다면, 다른 회사들도 멋질 것입니다.'

우리는 DM 원고나 채산 시뮬레이션표 등을 모두 무상으로 제공했고, 같은 DM을 통신판매 회사인 B사의 고객에게 1만 통 정도 테스트로 보냈습니다.

결과는 구매 응답율 4.4%, 객단가 12,000엔입니다.

B사도 벌었습니다. 또한 고객 활성화에도 도움이 됐습니다. 당연히 재구매 고객의 주문분을 생각하면 더 이익이 날 것입니다. 참고로 DM 비용은 130엔 정도였습니다.

고객획득실천회 여러분도 이제 이 CPO가 알고 싶어졌을 것입니다.

여기서 얻은 법칙

① 상품 1개를 주문한 고객에게 5%를 증량해서 2개 10%, 3개 20%, 4개 25% 이런 식으로 점증식 증량을 제안하면 평균 주문 개수는 2.5배가 됩니다. 이상합니다만, **이것은 법칙입니다!**

② 봉투에 7~8줄의 메시지(인사문 같은)를 넣으면 응답률을 단숨에 올립니다. 예쁜 일러스트나 깔끔한 광고 문구는 좋지 않습니다. 가능하면 정성이 담기고 인품이 묻어나는 손 글씨가 최고입니다. 물론 메시지 내용이 중요합니다. 이것은 개봉률을 높이는 고전적인 방법입니다.

③ DM의 인사장, 제안 등 각종 인쇄물은 자기 회사의 특색과 개성을 살려야 합니다. 이것을 얼마나 잘하는가에 따라 응답률이 좌우된다고 생각합니다. 고급스러운 회사는 세련된 표현으로, 토속적인 기술로 단품 통신판매를 하는 회사는 자극적인 카피와 디자인으로 해야 합니다.
당연하다고 생각하시겠지만, **막상 하면 의외로 못하는 경우가 많습니다.**

이러한 방법으로 B사에서도 이익을 냈고, 당사도 이익을 냈습니다. 물론 저도 사장님께 칭찬받았습니다.
참고로 저는 이론이나 통계, 숫자 같은 것을 매우 좋아하는 사람입니다. 그래서 고객 분석 등의 데이터베이스를 바탕으로 반드시 예상 수지(시뮬레이션)를 내고 나서 실시합니다. **지금까지는 크게 틀리지 않았습니다.**

이번에 첫 투고인데 잘난 척을 했습니다.

감사합니다.

이러한 흐름으로 고객 리스트를 가진 회사에 접근합니다.

예를 들면, 실천회의 뉴스레터 안에 인터넷 강좌 안내를 동봉한 적이 있습니다. 이미 세일즈 패키지는 되어 있습니다. 그러면 저로서는 표지를 작성할 뿐입니다. 이 거래는 양측 모두 손해가 없습니다. 이 패키지를 산 사람도 만족합니다. 그러니까 세 당사자가 전혀 손해 보지 않는 윈윈 구조입니다.

신규 고객을 개척하는 다양한 방법 중에서 이 시너지 마케팅은 얼마나 효과적일까요?

그 효과는 굉장합니다. 굳이 마케팅에 우선순위를 매긴다면, 1위는 하우스 리스트입니다. 즉, 자사 고객의 리스트가 가장 효과적입니다. 그다음에 상대방의 신용을 사용해 시너지를 냅니다. 바로 시너지 마케팅입니다. 많은 회사가 가장 진지하게 생각하는 광고나 전단은 그 후에 검토하면 됩니다.

중소기업의 OEM 전략

우리는 회전 초밥집인 초밥8로부터 획기적인 실적 보고를 받았습니다. 이것도 매우 참고가 될 만한 사례이니 소개하겠습니다. 우선 다음의 자료를 읽어보셨으면 합니다. 초밥8이 자신의 특기 재료(성게 구이)를 냉동해서 동종업의 타사에 팩스 DM으로 판매하고 있습니다.

이렇게 팩스를 보내는 것만으로 주문이 오기 때문에 무척 효율적입니다. 게다가 지금까지의 지역 상권에 구애받지 않고, 전국에서 판매할

맛있는 초밥 재료 출시

맛있는 초밥 재료는 **가게에서 더 맛있어야** 한다고 생각합니다.
오늘 여기에 소개할 재료는 아직 세상에 나오지 않은 상품입니다. 앞으로 전국에 판매할 예정입니다만, 이번에는 번창하고 있는 귀하의 매장에만 소개하겠습니다.
참, 새로운 초밥 재료는 **성게 구이**입니다. 성게를 달걀로 굳힌 것입니다.
성게 구이가 가게에서 맛있는 이유는 다음과 같습니다.

1. 제품은 **냉동**으로 보내드립니다. 그러나 해동 시간이 매우 짧습니다(상온에서 10분 정도).

2. 잘라내기만 하면 바로 사용할 수 있고, 매우 간단합니다(아르바이트라도 OK).

3. **폐기 손실**이 매우 적습니다. 왜냐하면, **조금 마른 정도가 맛있습니다.**

4. 누구나 바로 알아볼 제품이라서 판매가를 <u>220엔 이상</u> 매길 수 있습니다.

5. 상품 가격은 550엔입니다. 6~7접시로 나눌 수 있습니다.
   원가율은 550÷6=91.7÷220=<u>41.7%</u>가 됩니다. 만약 250엔에 판매한다면 <u>36.7%</u>의 원가율입니다.

"맛있습니다."
실험 완료했습니다. 재구매도 있습니다.
자세한 자료를 준비해뒀으니 **빨리 팩스로 청구해주세요.**

(유)텔믹

수 있습니다.

한마디로 중소기업 OEM[19] 전략입니다. 대기업이 OEM을 하는 것은 당연합니다. 예를 들어 직장인 시절에 제가 일하던 가전업체에서는 경쟁사 브랜드명의 세탁기를 제조해 공급하고 있었습니다. 같은 공장의 같은 라인에서 제조되며 브랜드만 다른 것입니다.

여러분도 아시겠지만, 가장 대표적인 OEM은 화장품 제조로 내용물은 모두 같습니다. 상품명과 패키지만 바꿔서 판매하고 있습니다. 상품명과 패키지 및 광고 홍보에 따라 가격이 달라집니다. **즉, 가치를 매기는 것은 상품 자체가 아니라 어떻게 판매할 것인가에 대한 아이디어**(정보) **부분인 것이 현실입니다.**

이처럼 OEM이라고 하면 대기업이 하는 게 시세였습니다. 그런데 요즘 눈에 띄는 게 중소기업 간의 상품 융통성입니다. 초밥8뿐만 아니라 비슷한 일은 화과자 세계에서도 일어나고 있습니다.

예를 들어, 매우 맛있는 찹쌀떡을 만드는 화과자 가게가 있다고 칩시다. 그곳은 자신있는 상품(찹쌀떡)을 동종업 타사에 판매합니다. 그러면 동종업 타사는 찹쌀떡을 자사에서 제조하는 수고를 덜 수 있습니다. 그만큼 자사가 잘하는 상품(예를 들어 쑥떡이라든지)을 더욱 신경 써서 만들 수 있게 됩니다. 자사 상품을 동업 타사에 공급하고, 상대편 브랜드로 판매하는 것입니다. 즉, 서로 윈윈하는 방법입니다.

초밥8의 팩스 DM은 샘플 건수는 적지만, 5곳에 팩스를 보냈고

---

19) OEM : Original Equipment Manufacturing의 약자입니다. 자사 상품을 동업 타사에 공급해서 상대편 브랜드로 판매하는 것입니다.

100% 자료를 요청받았습니다. 그 후 40%로 거래 성립이 됐습니다. 매우 반응률이 높은 DM입니다.

법인을 상대로 신규 거래를 요청하는 DM의 경우, 실패하는 전형적인 이유는 상품의 장점을 마구잡이로 서술한다는 것입니다. 이것은 전혀 의미가 없습니다. 왜냐하면, 상대편도 당신과 같이 ① 벌 수 있는 것, ② 수고가 들지 않는 것, ③ 상품 품질이 좋은 것의 순서로 검토하기 때문입니다.

즉, **고객의 구매 검토 프로세스**와 상품 설명의 순서는 일치해야 합니다. 이것이 일치하지 않으면 고객 측은 검토하기 전에 DM을 휴지통에 버리고 싶어집니다. 이 원칙은 DM을 쓰는 경우뿐만 아니라 영업적인 대화를 할 때도 마찬가지입니다. 뭐, 영업사원일 경우는 쓰레기통에 버리는 대신 듣는 귀를 닫아 버리는 것입니다만.

이처럼 OEM 전략은 매우 효과적입니다.

자, 당신 회사에는 동종업 타사에 판매할 수 있는 상품이 없습니까?

실적
알리기

필요한 것은 이미 당신 손안에 있으니 걱정할 필요 없다

저는 이전에 카루이자와에서 고객인 회사 사장들과 3일간의 합숙 세미나를 했습니다. 목적은 3년 후에 수익을 10배로 올리는 것이었습니다.

누구라도 처음에는 '이런 바보'라고 생각할 수 있습니다. 이익 10배, 20배를 실현하기 위해서는 DM의 반응률을 높이거나 전단 반응률을 높이는 식의 손쉬운 방법만으로는 안 됩니다. 그러나 고객의 시점에서 회사의 전략을 다시 짜면, '이렇게 하면 분명히 10배 정도의 수익은 올릴 수 있을 것이다'라고, 참가자 누구나 고개를 끄덕일 수 있는 명쾌한 전략이 완성됩니다.

"대단해요. 이러면 단시간에 지역 1위를 할 수 있겠어요. 게다가 이 구조를 전국에 프랜차이즈로 넓히는 것도 가능할 것 같습니다."

불변의 마케팅

이렇게 실감하면서도 여기서 문제가 제기됩니다. '이걸 내가 할 수 있을까?' 하고 불안해합니다.

"저는 실적이 없어요. 이 실적을 만드는 데만 몇 년이 걸릴 겁니다."

실적이 없다는 것은 큰 문제입니다. 그런데 실적이 없는 것만큼 쉽게 해결할 수 있는 문제는 없습니다. 그것은 한순간에 해결할 수 있어요. 합숙 세미나에 참가한 한 시공사는 요양 리모델링에 착안해서 전략을 짜는 것이 필요했습니다. 그래서 저는 실적이 있는지 물었습니다.

"귀사는 요양 리모델링을 한 지 얼마나 됐습니까?"
"아뇨. 해본 적이 없습니다."
"그럼 지금까지 노인가구 리모델링을 해본 적이 있나요?"
"그건 있습니다."
"몇 건 정도요?"
"한 건입니다."
"그 손님이 좋아하셨나요?"
"네, 무척 좋아하셨습니다."
"그럼 실적이 있는 거죠."
"이것을 실적이라고 부를 수 있는 걸까요?…."

본인은 겸손합니다. '누군가에게 말해야 할 실적은 없어요'라고 생각하는 것처럼 보입니다. 하지만 자신감을 가졌으면 좋겠습니다. 고객이 기뻐했다는 것만으로도 대단한 실적입니다. 제 생각에 **실적이란, 지금 이 순간에 스스로 만드는 것입니다.**

예를 들어보겠습니다. 1998년, 저는 직장인을 그만두고 독립했습니다. 그때 실적이 있었을까요? 지금이기에 고백할 수 있지만, 도저히 남에게 돈을 받을 만한 실적은 없었습니다. 실적이라고 하면, 직장인일 때 자사에서 성공한 사례가 있었을 뿐입니다. 그리고 거래처에서의 도입 사례가 고작 두 곳만 있었던 정도입니다. 게다가 그 두 회사에서 결과가 나오고 있는가 하면 결과조차 나오지 않고 있었습니다.

하지만 기뻐하셨어요. 기뻐하고 있다는 사실 자체가 실적을 확장하는 핵심이 됐습니다. 그 반년 후 저는 '다이렉트 리스폰스 마케팅(Direct Response Marketing, DRM)에 있어서 중소기업 대상으로는 일본 최대의 조직 주재자'라고 불리게 됐습니다. 당시 다이렉트 마케팅이라는 말을 쓰는 회사는 많았지만, 다이렉트 리스폰스 마케팅이라는 말을 쓰는 회사가 거의 없었습니다. 있더라도 중소기업 대상 회원조직이 있는 곳은 없었습니다.

즉 말하는 것이 이기는 것입니다. 3사에서나 30사에서나 회원이 모인 그 시점에서 일본 최고가 될 수 있는 것입니다. 인간은 자신이 생각한 인간을 상상하는 순간 그대로 될 수 있습니다. 자신이 스스로 어떻게 생각하느냐가 문제입니다. 당신이 자기 이미지를 바꾸면, 주변 사람들은 당신을 그렇게 보게 됩니다. 그러면 스스로 그 이미지에 자동으로 가까워집니다.

왜 새로운 자아상을 갖는 것이 중요하냐면, 아무리 뛰어난 미래 계획

불변의 마케팅

이 있어도 자신의 실적이나 능력으로는 도저히 달성할 수 없다는 생각을 없애야만 필요한 아이디어나 실행력이 생겨나기 때문입니다.

현실에는 당신이 필요로 하는 것은 지금 모두 있습니다. 반복하지만 **실적이란 어떤 것이 아니라 이 순간에 스스로 만드는 것입니다.**

실적이 실적을 부른다

거액을 끌어당긴다고 알려진 팔찌나 노란 지갑 등과 같은 이른바 행운의 상품에 관해 이야기해보려고 합니다. 한 전단에 재미있는 사진이 실려 있었습니다. 투명한 상자를 놓고 기부금을 모았습니다. **일주일에 약 950엔이었던 기부금이 이 팔찌를 두고 나서는 다시 일주일 만에 무려 약 9,955엔이 됐다고 합니다.**

'이런 데 누가 속아!'라고 생각하실 수도 있습니다. 하지만 저는 사실이라고 생각합니다. 다만 이 팔찌가 돈을 끌어당긴 것은 아닙니다. <u>적은 돈이 더 큰돈을 모은 것입니다.</u> 당연한 이야기지만 빈 상자에 기부금을 넣는 데는 상당한 용기가 필요합니다. 하지만 미리 약간의 돈이 들어 있다면, 그것이 안정감을 줍니다. 그래서 기부금을 넣는 사람이 늘어나는 것입니다. 이러한 원리로 팔찌를 놓지 않아도 기부금은 늘어납니다.

이것은 거리에 세워진 자전거 바구니와 같습니다. 쓰레기 하나를 넣어뒀습니다. 그랬더니 다음 날 바구니가 쓰레기로 가득 차 있습니다. 간단히 말해서 하나의 쓰레기가 대량의 쓰레기를 불러옵니다(저는 이것을 '**자전거 바구니 법칙**'이라고 부르고 있습니다).

당신의 실적도 마찬가지입니다.

하나의 실적을 들어볼게요. 현시점에서는 별것 아닙니다. 그러나 그 하나의 실적을 세상에 알리는 순간, 짧은 시간 안에 많은 실적을 내는 핵심이 됩니다.

앞서 소개한 시공사만 해도 요양 리모델링의 현지 최고의 기업이 되려고 한다면, 결코 어려운 일은 아닙니다. 게다가 그것은 본인이 실적을 쌓을 필요조차 없습니다. 지역에서 요양 관리자를 찾아 연락하세요. 또한, 지역의 요양 시설과 적극적으로 연락을 취할 수도 있을 것입니다. 이처럼 자신은 전혀 실적이 없었다고 해도 전문가와 접촉하면 그만인 이야기입니다.

일반적으로 컨설팅 회사에서는 하나의 프로젝트가 종료됐을 때는 그 업계에 대해 상당한 전문 지식을 얻게 됩니다. 그 이유는 3년에 걸쳐 업계 전문 잡지를 읽고 업계 전문가를 인터뷰하기 때문입니다. 이처럼 한 분야의 **전문가가 되는 것은 어려운 일이 아닙니다.** 요점은 그렇게 되고 싶은지 그것을 당신이 결정하는 것뿐입니다. 그리고 그 한 걸음을 내딛느냐, 마느냐에 대한 것입니다.

당신도 큰 목표를 가지고 있을 것으로 생각합니다. 그 큰 목표를 실현할 수 있을지는 자신이 자신에 대해 어떤 이미지를 가지는가에 따라 결정됩니다. 자신에 대한 이미지를 바꾸지 않으면 큰 목표가 있더라도 중간에 좌절하게 됩니다.

우선은 자신의 이미지를 바꾸기를 바랍니다. 그것은 결코 어려운 일이 아닙니다. 스스로 자신의 프로필을 생각해보세요. 현재의 프로필과 3년 후의 프로필을 써 보는 것입니다. 그 3년 후의 프로필이 현재의 당신 자신이라고 이해하세요. 그리고 그 프로필을 아침저녁으로 바라보세요. 오직 이것만으로도 목표의 실현이 훨씬 순조로워집니다.

◆ 제3장 ◆
매출 상승의
돌파구를 찾아라!

· ·

마케팅이란 단순히 '광고 홍보를 위한 노력'이 아닙니다.
제3장에서는 회사의 성장을 위해서 꼭 필요한
비즈니스의 본질과 상품의 본질을 재검토해서
변화시키는 핵심을 소개합니다.

주문이 폭주한
핑크 책의 비밀

도대체 팔린 이유가 무엇일까?

제 두 번째 책인《당신의 회사가 90일 안에 돈을 번다!》[20]가 출간됐을 때, 각 신문에 광고를 게재했습니다. 이 광고는 눈에 띄었고, 반향도 컸습니다. 하지만 제 아이디어가 모두 들어 있는 것은 아닙니다. 또한, 당초 광고보다 크게 변경됐습니다. 몇 가지 아이디어가 신문사 심사에서 삭제됐습니다.

보통 심사에서 걸리는 것은 팔리는 광고입니다. 팔리니까 다른 회사에서 클레임이 옵니다. 그래서 심사가 신중해집니다. 그래서 게릴라 마케터는 아슬아슬한 선까지 싸웁니다. 이때는 포레스트 출판의 영업 직원이 마지막까지 표제의 '후나이 유키오(船井幸雄) 씨, 주목!'을 지켜냈습

---

20)《당신의 회사가 90일 안에 돈을 번다!》: 1999년 12월에 포레스트 출판에서 발간된 간다 마사노리의 두 번째 저서입니다. 도발적인 제목이나 충격적인 핑크 표지, 경쾌하고 묘한 말투의 본문 등, 지금까지의 비즈니스 서적에는 없었던 시도가 가득한 책입니다!

니다. 상품에 대한 설명이 아니라 판매를 위해 가장 필요한 말을 하는 것입니다.

위 광고는 1999년 12월에 낸 광고입니다. 반향이 커서 발매 1주일도 안 되어 증쇄했습니다.
아래 광고는 이듬해 2월에 낸 광고입니다. 각 서점 판매 순위에 진입했습니다.

덕분에 아주 많이 팔렸습니다. 초판 1만 부를 찍은 핑크 책은 12월 20일에 매장에 진열됐습니다. 저는 '이렇게 찍어서 팔리지 않으면 책임 지겠어. 그래, 3월쯤엔 2쇄를 찍으면 좋겠지'라고 생각했습니다.

그런데 12월 27일, 감기로 코가 막혀서 컨디션이 좋지 않지 않던 날이었는데 핸드폰이 울렸습니다. 출판사 전화였습니다.

"간다 마사노리 선생님, **증쇄가 결정**됐습니다."

'벌써 증쇄를? 그럴 수 있나? 매장에 진열된 지 6일밖에 안 됐잖아?'

저는 마음속으로 이렇게 생각했습니다. 그런데 들어보니 정말 벌써 재고가 없더군요. 저는 **단번에 코막힘이 다 나아서** 완전 행복했습니다. 이후에도 다들 아시다시피 잘 팔렸습니다.

왜 핑크 책은 주문이 폭주했을까요? 여러 가지 원인이 있는 것 같습니다. 여러분의 실적 보고,[21] 띠에 크게 적힌 '후나이 유키오[22] 씨, 주목!' 메시지, 신문광고의 효과, 충격적인 핑크 표지, 무료 특별 보고서 제공입니다. 그리고 테스트 판매점이나 놓이는 매장의 선택 노하우 등. 이런 여러 요소가 얽혀서 팔린 것은 확실하지만, 나중에 생각해보니 핑크 책이 잘 팔린 이유는 한마디로 표현할 수 있을 것 같습니다.

그 한마디란 '**디테일에 대한 고집**'입니다. 이것이 큰 차이입니다. 이 점

---

21) 실적 보고 : 《당신의 회사가 90일 안에 돈을 번다!》의 맨 뒤에는 고객획득실천회 회원사의 성공 실적이 100사 이상 게재됐습니다. 이것이 바로 압도적인 증거입니다.

22) 후나이 유키오 : 경영 컨설턴트, 후나이종합연구소 창설자입니다. 비즈니스계뿐만 아니라 영성 분야에서도 큰 영향력을 행사해 《당신의 회사가 90일 안에 돈을 번다!》 발간 당시에도 컨설팅의 정점에서 군림하고 있었습니다.

불변의 마케팅

은 책 마케팅뿐만 아니라 다른 상품에도 해당할 것 같으니 좀 설명해 드리도록 하겠습니다.

팔리는 냄새를 만든다. 팔기 위한 궁극의 질문

첫 번째 책을 출간했을 때는 그저 글을 썼을 뿐입니다. 그 밖의 부분에 대해서는 저자의 의견은 거의 들어가지 않았습니다. 레이아웃, 장정, 광고, 마케팅 방법. 사실 이런 것도 책을 팔기 위해서는 빼놓을 수 없는 점입니다. 하지만 신참 저자라 의견을 말하는 것을 망설였습니다. 그랬더니 어이없을 정도로 흐지부지 진행되더니 책이 만들어져 있었습니다.

출판사가 힘을 쓰지 않았냐면 그렇지는 않습니다. 편집 담당자분도 "이 책은 오래 팔릴 거예요"라고 했고, 사장님도 "내가 다섯 번 읽었으니 직원들은 일곱 번 읽어라"라고 했습니다. 그래도 안 팔렸습니다.

핑크 책의 경우는 여러 가지 **의견 충돌**이 있었습니다. 제목은 마지막까지 옥신각신했고, 장정에서는 새로운 실험을 했습니다. 마지막 실적 소개 페이지에서는 세로쓰기냐 가로쓰기냐로 옥신각신했습니다. 일러스트는 전부 다시 했습니다. 글자 굵기를 바꿨습니다. 또 저자 소개를 어디에 넣느냐고 옥신각신했습니다. 마케팅 방법에 대해서도 엎치락뒤치락했습니다.

처음에는 더 많은 혜택이 있었습니다. 독후 환불제도, 즉 읽은 뒤 만족스럽지 않으면 저자가 환불한다는 보증이 있었습니다. 그리고 100만 달러짜리 책갈피 선물이 있을 당시는 2,000엔 권이 나돌기 시작했을 때

였기에 '○○○이 2,000엔 권이라면, 포레스트 출판은 100만 달러 권!'의 카피를 넣으려고 했습니다. 독후 후기 선물에 대해서는 '이 1권으로, 또 1권 무료!'라는 카피도 생각하고 있었습니다.

그런데 신문의 광고 전개만 해도 신문사의 광고 심사부에서 허가가 나지 않아 쉽지 않더군요. 하지만 이렇게 옥신각신 디테일에 대해서 집착하면 점점 팔리는 냄새가 나는 것입니다. **팔리는 냄새.** 이게 핑크 책에는 있었습니다.

그럼 팔리는 냄새를 만들려면 어떻게 해야 할까요? 그것은 **궁극의 질문**을 해보는 것입니다.

'만약 내 인생이 이 책 한 권에 달려 있다면 어떻게 하겠습니까?'

예를 들어서 이런 질문을 해봅니다.

우리 회사가 망하느냐 마느냐가 이 책에 달려 있다면 하얀 표지로 만들까요? 그렇게 궁극적인 질문을 하면 답은 분명합니다. 일반적인 흔한 표지는 안 합니다. 다른 책 속에 묻혀버리니까요. 매장 간판을 하얀색으로 하는 것과 똑같습니다. 있을 수 없는 일이죠.

광고도 마찬가지입니다. 지금 100만 엔밖에 자금이 없어서 그 100만 엔 전부를 이 광고에 집어넣는다고 생각하면 도대체 어떤 광고를 내야 할까요? 그러면 단순한 광고를 내지 않습니다. 예를 들어 신문광고 심사부로부터 '이런 광고는 책 광고로 안 돼'라고 협박받아도 **타협하면 안 됩니다.** 왜냐하면, 다른 회사와 같은 광고라면 광고 자체가 읽히지 않기 때문입니다. 그렇게 극한으로 자신을 가져가서 아이디어를 내는 것이 중요합니다.

'만약 내 전 재산이 10만 엔이고, 그 10만 엔을 이 전단에 집어넣는
다면, 이 제안이 맞습니까?'

'만약 이 전단의 반응으로 일을 잘릴지 말지 결정된다면 이 전단으로
괜찮습니까?'

이렇게 하면, 디테일에 대한 고집과 **판매를 위해서 타협하지 않겠다는**
자세가 생깁니다. 그리고 참신한 아이디어가 나옵니다. 이번 회의에서
시도해보세요.

광고는 목적을 생각하라

대기업 광고의 대부분은 이미지 광고입니다. 그래서 회사의 지명도
는 올라가지만, 매출은 오르지 않습니다. 하지만 다음의 광고는 좋습니
다. 드문 일입니다. 작은 공간을 사용하면서 매출을 올릴 수 있습니다.

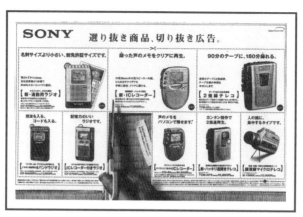

1998년 12월 9일 〈니혼게이자이신문〉 광고

테두리가 절취선[23]으로 되어 있는 것도 포인트입니다. 이것은 잘라내는 것을 목적으로 하고 있다기보다는 <u>눈에 띄게 하는 것을 목적</u>으로 하고 있습니다. 절취선을 사용함으로써 우선 거기에 눈이 가게 됩니다. 광고 전체가 할인권으로 보입니다. 그것 때문에 광고에 가치관이 생기게 됩니다. **절취선의 마력**은 대단해서 신청서에 점선을 붙여 두면 절취하지 않아도 되는데 일부러 절취해 오는 사람이 10명 중 1명 정도 있습니다.

인간은 파블로프의 개처럼 조건이 설정되어 있습니다. 그 무의식적인 행동을 광고에 사용한 예시였습니다.

---

23) 테두리가 절취선 :《당신의 회사가 90일 안에 돈을 번다!》서적광고도 지면광고에서 절취선을 하자는 기획이 있었으나 신문사 광고 심사에서 걸렸습니다. 아이디어가 반드시 통한다고는 할 수 없습니다.

불변의 마케팅

우량기업이
되려면?

어떤 대기업도, 처음에는 게릴라 광고였다

<닛케이 신문>에서 다이에의 나카우치 회장[24]이 '나의 이력서'를 쓰고 있었습니다. 이것은 대단한 내용이라고 생각했기 때문에 소개해드리고 싶습니다. 이전에 다이에가 수입 맥주로 재고 과잉이 되어 크게 실패했을 때 신문에 전면 광고를 냈습니다. 그때의 카피는 광고 대리점이 만든 이미지 중심의 광고를 나카우치 회장 자신이 이러면 안 된다고 해서 다시 쓴 것 같습니다. 기사에는 나카우치 씨가 쓴 광고이자 다이에가 처음으로 한 광고가 게재되어 있었습니다.

24) 나카우치 회장 : 고 나카우치 이사오(中內功) 씨로 다이에 창업자입니다. 일본의 슈퍼마켓=소매 유통업을 이끈 경제계의 중요 인물입니다. 1998년 다이에의 경영 위기로 사장 퇴임했습니다. 2001년에는 이사직에서 퇴임해 나카우치 다이에 시대가 끝났습니다.

'주부의 가게 다이에 특보

다이에 꽃 포장지는 쇼핑 잘하는 부인의 징표입니다.
1년간의 이익을 돌려드립니다!
좋은 물건을 점점 싸게 파는 가게, 주부의 가게 다이에가
당신 덕분에 성장해왔습니다.
감사한 마음을 담아 1년간의 이익을 돌려드릴 생각으로
전 점 대매출(大賣出)을 실시합니다!'

나는 즉시 나의 책 광고에 활용했습니다. '핑크 표지는 할 수 있는 비즈니스맨의 징표입니다'라고 했습니다. 게다가 당시 나카우치 씨가 고안한 캐치프레이즈가 정말 대단합니다.

'보는 다이마루, 사는 다이에.'

대단합니다. 역시 모두 창업할 때는 게릴라였습니다. 멋을 부려봤자 소용없답니다.

또 '나의 이력서'에는 '물가인상 저지운동 추진 중'이라는 포스터도 적혀 있었습니다. 이것은 예전에 히트했던 **소비세 환원 세일**과 똑같습니다. 즉, 정부를 적으로 돌려 고객을 찾는 전술입니다. 이 포스터에는 다음 문구가 적혀 있습니다.

'지금 다이에는 인플레이션 파이터로서 물가 급등에 맞서 좋은 물건을 점점

《유통혁명은 끝나지 않는다》, 니혼게이자이 신문사 출간에서

싸게 드리겠습니다.'

이 '○○ 저지운동 추진 중'은 즉시 사용할 수 있는 문구입니다. 환경 지향적인 'CO₂ 확대 저지운동 추진 중'이라든지 '전기요금 인상 저지운동 추진 중'이라든지 다양하게 쓸 수 있지 않을까요?

역시 선인(先人)에게 배울 점은 정말 많지만, 이런 중요한 광고지라든지, 포스터라든지 하는 것은 무시당하는 듯해 안타깝습니다.

빠른 성장을 하려면 무엇부터 시작해야 할까?

비약적인 성장을 하려면 무엇부터 시작해야 할까요?

실천회 멤버인 건강 관련 상품 판매 회사의 야마구치(山口) 사장으로부터 전화를 받았습니다. 신문광고를 냈더니 3,000통이 넘는 전화가 쇄도했다고 합니다. 무료 샘플을 나누어주는 것이 아니라 1,000엔에 판매하는 상품의 광고였습니다.

건강 관련 상품은 어깨 결림이나 요통에 좋다고 하는 티타늄 테이프입니다. '티타늄 테이프라니, 팔려?'라고 생각할 수 있지만, 그런 상품이 광고로 며칠 만에 무려 3,000건이나 팔려 버렸습니다. 이것은 무려 '마음껏 TV'[25]에 다루어진 것 이상의 결과입니다. 생각해보세요. 전화를

---

25) 마음껏 TV : 정식 프로그램명 '오후에는 땡땡이 TV'입니다. 1987년~2007년까지 니혼TV 계열에서 방송된 미노타 사회 생방송 생활 정보 프로그램입니다. 주부층을 위한 점심 프로그램으로, 프로그램 내에 소개된 상품(예, '코아는 몸에 좋다')은 매진이 속출하는 등 높은 영향력이 있었습니다.

받을 수 없을 정도로 전화벨이 울리는 것입니다. **전화를 끊어도, 끊어도 전화가 걸려 옵니다.** 전화를 다 받을 수 있었다면 사실은 더 반응이 있었을 것입니다.

야마구치 사장은 그 이후의 판매와 열성 고객을 만드는 데 대해서는 실천회 제일의 실천가입니다. 빈틈이 없었습니다. 그래서 며칠 사이에 억대의 금액을 벌었습니다. 숫자가 보이기 때문에 이번에는 그 광고를 가능한 한 많은 매체에 전개할 수 있습니다. 지금은 연간 10억 엔 기업이지만 하루아침에 20억 엔 기업이 됩니다. 이런 건강한 회사들이 실천회에는 많이 모여 있습니다.

엄청나게 불황인 이 시기에 비약적인 성장을 해서 차세대 우량기업이 되기 위해서는 어떻게 해야 할까요? 도대체 첫걸음은 무엇일까요? 열심히 마케팅해야 할까요? 고객 만족을 표현하는 일일까요? 아니면 좋은 상품을 사들이는 것일까요?

아니요, 제일 먼저 해야 할 일은 **자각하는 것입니다.** 자각이라는 말을 들어도 모를 것 같아서 자세히 설명해보겠습니다. 당신은 '일본 경제를 살리는 사람은 도대체 어디에 있는 것인가?'라고 물었을 때, 어떻게 대답할 것입니까? 저는 이전에 제 세미나에 참석하신 디자인 회사 사장님에게 같은 것을 물었습니다.

나　　　 : "일본 경제를 살리는 사람은 도대체 누구일까요?"
사장님 : "저요?"
나　　　 : "맞아요."
사장님 : "저라고요???"

나　　　: "맞아요."

사장님 : "아, 그럴 리가 있나요?"

나　　　: "그렇습니다."

맞습니다. 당신이 해야 합니다. 왜냐하면…. 당신만큼 진지하게 사업에 대해 생각하는 사람이 당신 주위에 있나요? 그럼 당신이 할 수밖에 없겠죠?

이것이 자각하는 것입니다.

시스템을 구축하는
가격 설정

실패하려면 빨리 실패하자

실천회의 연회비는 자꾸 바뀌고 있습니다. 처음에는 19만 6,000엔이었습니다. 이것으로 1명을 입회해줬습니다(Thank You!). 그 후 시험적으로 단숨에 4만 8,000엔까지 떨어뜨렸어요. 왜 10만 엔 이상이나 내렸냐면, 실패한다면 빨리 실패하고 싶었기 때문입니다.

만약 4만 8,000엔에 주문이 없다면 당연히 7만 8,000엔이든, 9만 8,000엔이든 주문이 없는 것은 분명합니다. 우선 4만 8,000엔으로 실패한다면 다음 대책을 생각하는 편이 좋습니다. '이 사업은 실패할 것인가?'라는 것을 가능한 한 빨리 알고 싶었습니다.

4만 8,000엔으로 가격을 내렸더니 계약률이 30% 이상이 됐습니다. 이것이 통한다는 것을 알고 7만 8,000엔으로 올리고, 또 9만 8,000엔으로 올렸습니다. 왜 이렇게 가격을 바꿨냐면, 가격을 올린 후에도 별로 계약이 줄지 않았기 때문입니다.

이 숫자가 보이고, 구조가 보이기까지가 굉장히 어렵습니다.

'정말 잘되는 건가요?'
'왜 거의 반응이 없나요?'
'반응이 있어도 왜 안 사주나요?'

이런 시기가 가장 힘듭니다. 나중에 생각해보면 별 기간이 아닙니다. 겨우 3개월 정도입니다. **그동안 좌절하면 안 됩니다. 이 구조가 보일 때까지가 참아야 합니다.**

구조를 구축할 수 없는 이유가 실은 가격이거나 DM의 표현이거나 전화 메시지이거나 상품을 내놓는 방법의 단면이기도 합니다. 정말 미묘한 요소로 구조가 움직이기 시작합니다. 그 균형은 신이 장난치는 게 아닌가 싶을 정도인데, 그 균형이 잡히자마자 반응이 뽕 하고 얼마나 쉽게 나오는지 모릅니다. **이래서 다이렉트 마케팅은 그만둘 수 없습니다.**

재미있는 것은, 한번 보인 구조는 **'이렇게 간단한 것조차 몰랐구나!'**라고 생각할 정도로 당연해진다는 것입니다. 구조를 만들기까지가 힘든 것이지, 구조가 보이면 그 후는 승승장구입니다. 실천회의 회원 중에서 구조가 보이기 시작한 사람이 있었습니다. 청약률이 4%에서 갑자기 33%가 됐습니다. 그 사람에게 통판 선배가 조언을 해줬습니다.

"갈 수 있다면 여기서 단숨에 가야죠. 이 시기를 놓치면 반응이 떨어집니다. 그러니까, 할 때 해야 합니다."

즉, 제로인지, 아닌지 둘 중 하나입니다. <u>구조라고 하는 것은 중간이</u>
<u>거의 없습니다.</u>

이것이 구조를 구축하는 프로세스입니다.

물론 상품을 개발하기 전 판매 테스트나 가격 테스트는 아무나 할 수
있는 것이 아닙니다. 하지만 그것이 본래의 수법이라는 것을 기억해주
셨으면 합니다. 그렇지 않으면 판촉 도구를 만드는 데만 열중하다 정작
중요한 판매에 손대는 것을 잊어버릴 것입니다.

가격을 변경하는 세 가지 포인트

엘하우스의 히라(㈜) 씨의 멋진 사례를 소개하겠습니다.

어쨌든 '싸게 하면, 팔린다!'라고 생각합니다. 그 결과, 가격 경쟁에
돌입합니다. 이것은 **치명적인 질병으로 '할인 증후군'**이라고 불립니다. 이
것은 주택 판매뿐만 아니라 거의 모든 업종에서 같은 실수를 합니다. 그
래서 당신도 틀렸을 가능성이 크다고 생각하는 편이 좋습니다.

많은 사람이 선뜻 가격을 낮추지만, 참으로 위험한 결정임을 깨닫지
못하고 있습니다. 예를 들어 가격을 10% 낮췄다고 칩시다. 이 경우 얻
을 수 있는 현금 잔액에 미치는 영향력은 몇 %가 될까요? 10%가 아닙
니다. 원가율을 50%라고 하고, 매가를 10% 내리면 현금은 20%입니
다. 그리고 매가를 20% 낮추면 현금은 40% 줄어듭니다.

그리고 원가율을 70%라고 하고, **매가를 10% 낮추면 현금은 33% 감소**

사장님 아카데미 후보

주식회사 엘하우스 히라 히데노부(平秀信)

솔직히 이것은 이야기하고 싶지 않았습니다.

지금 주택 판매에 종사하는 사람들이 모두 착각하고 있습니다. 그리고 스스로 관에 발을 넣고 있습니다. 이 상황을 차마 눈 뜨고 볼 수 없어서 여러분에게 보고하기로 했습니다. 잠자코 있으면 좋을 것을 저는 어리석고 정직한 사람입니다. 이 보고는 1,000만 엔 이상의 가치가 있다고 자부합니다. 먼저 아래 숫자를 봐주세요.

$$39 \leftarrow 36 \leftarrow 33 \leftarrow 30 \rightarrow 29.8 \rightarrow 26.8 \rightarrow 24.8 \rightarrow 21$$

이 숫자가 뭐라고 생각하세요?

이것은 주택 가격인 '평단가'라고 불리는 것입니다. 현재 주택업계는 가격경쟁에 돌입해 가격을 어떻게 낮출지에 각축을 벌이고 있습니다. 그러나 한편으로는 가격을 높게 책정해 수주를 늘리고 있는 회사도 많이 있습니다. 가격을 낮추면 지고, 가격을 높이면 이기고 남습니다, 이것이 현실입니다. 왜 비슷한 집을 짓고 있음에도 불구하고 이렇게 나뉘는 것일까요?

이 비밀을 말씀드리겠습니다.

주택업계는 저가 주택이 나오기 시작하면서 **29.8만 엔**이라는 금액이 표어처럼 됐습니다. 이 가격 표시가 가장 수주됐기 때문입니다. 하지만 거품이 꺼진 이후 가격이 점점 내려갔어요. 지금은 평단가 19만 엔 등의 터무니없는 가격이 나오기 시작했습니다. 그리고 자사도 싸게 하지 않으면 싸울 수 없다고 동조하며 자기 목을 조르고 있습니다.

많은 회사가 지금 가격을 낮출수록 수주할 수 없는 현실을 모릅니다. 올바른 정보를 얻을 방법이 없으므로, 그것도 무리는 아닙니다. 싸게 하면 일은 얻을 수 있다고 믿고 있습니다. 또는 그것밖에 방법이 없으면 패배자 근성이 되어 있는 것입니다.

하지만 반대입니다.

사실 지금은 가격을 올리면 일을 할 수 있어서 돈을 법니다. '거짓말하지 마!'라고 생각하실 수도 있어요. 상식 밖의 말을 하고 있으니 믿을 수 없는 것도 당연합니다. 하지만 거짓말로는 (이하 줄임말)

합니다. 20% 내리면 현금은 67% 줄어 버립니다. 즉 10% 내리면 수중에 남아 있어야 할 현금이 3분의 1로 줄어 버리는 것입니다.

이상은 조금 계산하면 중학생도 알 수 있습니다. 가격 인하는 자기 목을 조르는 결과로 끝날 것이 뻔합니다. 게다가 <u>총이익이 클 때의 가격 인하는 충격이 작지만, 총이익이 작아졌을 때의 가격 인하는 단번에 충격이 큽니다.</u> 그런데도 고객이 오지 않게 되면 사고가 정지되어 가격 인하를 합니다. 단순히 가격을 내릴 정도라면 가격을 올리는 편이 좋습니다.

가격을 내려서 망하는 회사는 많이 있지만, 가격을 올려서 망하는 회사는 없습니다. 가격을 내리면 벌지 못하고 적자가 확대되어 망합니다. 어차피 망할 거면 바쁘게 망하는 것보다는 **한가해서 차라도 마시면서 망하는 게 좋습니다.**

그래서 일반적으로는 과감히 가격을 인상하는 편이 안전합니다. 다만 가격을 내리는 편이 좋은 타이밍이 있습니다. 가격을 낮춤으로써 단숨에 고객 수를 늘릴 수 있는 것입니다. 이제 올바른 가격 결정 타이밍에 관해 설명해드리겠습니다.

100명의 마을에서 생애 주기를 생각하다

우선 시장을 단순화해서 생각해보세요. **100명의 마을**이 있었습니다.

당신의 일은 이 100명의 마을에서 자신의 상품을 판매하는 것이 어렵습니다. 왜냐하면 지금까지 본 적도 없는 상품이고, 그 밖에 아무도 사용하지 않습니다. 그래서 처음에는 무료로 사용하거나 상품 설명에 시간이 걸리기도 합니다. 판매 경비가 들기 때문에 판매한다고 해도 그다지 이익이 나지 않습니다.

그런데 상품이 서서히 침투하면서 **사용자가 11명을 넘어서면 상황이 달라집니다.** 정보가 빠른 사람이 말하기 때문에 구매자는 상품에 친숙해집니다. 판매가 비교적 편해집니다.

아직 89명에게 판매할 수 있는 가능성이 있습니다. 그리고 라이벌은 없습니다. 구매자가 20명이 될 때까지는 이런 상황이 계속됩니다. 21명 이후로는 상황이 전혀 다릅니다.

예전에는 손님한테 가서 상품을 설명해야 했는데, **고객 쪽에서 상품을 찾아옵니다.** 상품을 만드는 것도 익숙해졌기 때문에 가격을 떨어뜨려도 이익이 생깁니다. 그래서 가격을 낮췄더니 단숨에 구매자가 많아졌습니다. 경쟁자가 몇 군데 나왔지만, 아직 예전의 이익 폭은 확보되어 있습니다. 가격 결정권은 판매 측에 있고 어쨌든 벌 수 있기에 장사가 즐거워졌습니다. 이러한 상황이 구매자가 50명이 될 때까지 계속됩니다. 여기서 100명의 마을 시장은 반환점에 들어갑니다.

인구의 절반이 이미 자신의 상품을 구입했습니다. 이제 나머지 사람이 대상 고객입니다. 그런데 이미 경쟁자가 다섯 군데 참가했습니다. 업체당 10명의 손님밖에 없어져 버렸습니다. 예전에는 손님이 오면 바로 팔렸어요. 하지만 지금은 '저쪽 가게에서는 더 저렴하더라'고 **가격 인하를 요구**합니다. 그래서 과감히 대폭적인 가격 인하를 했습니다.

경쟁사들도 추격했습니다. 그 결과 시장 전체에서 30명의 고객을 획득하게 됐습니다. 이제 남는 20명밖에 시장에는 대상 고객이 없습니다.

그것을 5개 회사에서 뺏으려고 하니까 업체당 4명밖에 없습니다. 어디를 찾아도 자신의 상품을 사용하고 있어서 그 4명에게 도착할 때까지 시간이 걸립니다. 게다가 가격은 크게 하락했기 때문에 이익이 나지 않습니다. 더 이상 이 상품으로는 도저히 이익이 나지 않습니다. 경쟁사도 문을 닫는 곳이 나옵니다.

저는 이제 **새로운 일을 할 기운도 없습니다.** 그래서 회상합니다.

"그때는 가만히 있어도 바보같이 팔렸던 좋은 시절이었어요."

아시겠습니까? 전후의 일본 경제와 잘 어울리지요? 도식화해보면 다음의 그림과 같습니다. 가격을 변경해야 하는 것은 이 상품 라이프 사이클상 세 가지가 있음을 알 수 있습니다.

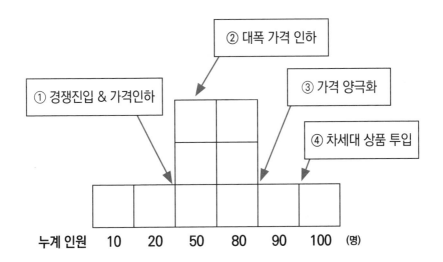

100명의 마을에서 가격변경을 생각하면…

① 경쟁진입 & 가격인하
② 대폭 가격 인하
③ 가격 양극화
④ 차세대 상품 투입

누계 인원 10 20 50 80 90 100 (명)

성장기의 시작과 성장기의 반환점 그리고 성숙기의 시작입니다. 특히 성장기의 반환점은 중요합니다. 이 지점의 가격 결정이 가장 어렵습니다. 그런데 **여기서 과감히 가격을 낮추면 단숨에 고객이 몰려듭니다.**

시장 점유율 1위를 노리고 싶다면 경쟁자가 가격을 낮추기 전에 먼저 내려야 합니다. 이렇게 생각하면 앞에서 말한 히라 씨의 실천은 옳다는 것을 알 수 있습니다. ②의 포인트로 저가(29·8만 엔)로 들어가서 시장을 빼앗습니다. 그동안 철저하게 상품 품질이나 조직력의 강화를 도모합니다. 그 결과, 현지에서는 평판이 낮기 때문에 ③의 포인트에서는 가격 인상이 가능해졌고, 마지막 소모전에는 들어가지 않아 좋아진 것입니다.

당연한 일이지만, 이 상품 라이프 사이클의 최종 국면에서는 소모적인 경쟁이 펼쳐집니다. 바쁘기만 할 뿐 거의 이익을 내지 않습니다. 자전거 운전 상태입니다.

지금 일본 전체가 이러한 상황에 있습니다. 최종 국면에서는 차세대 상품이나 차세대 비즈니스 모델이 나오지 않는 것은 어쩔 수 없습니다. **새로운 성장 곡선을 그리는 기업가가 나오지 않으면 불리할 수 있습니다.**

미션을 중심으로 비즈니스 상품은 순식간에 바뀐다!

순식간에 번쩍번쩍한 비즈니스가 되는 방법

히로시마에 있는 '하나야'의 카네야마(金山) 씨의 보고서를 여러분께 소개해드리겠습니다. 카네야마 씨는 도심에서 사진관을 운영하고 있습니다. 여러분은 사진관에 대해 어떤 이미지가 있으신가요? 저는 솔직히 말해 사진관이라고 하면 좀 재미없는 사업이라고 생각했습니다. 왜냐하면 '빅카메라', '요도바시 카메라'처럼 대형 판매점에 손님을 모두 빼앗기고 있기 때문입니다.

'사진 현상 0엔'이라는 표지판을 봐도 사진점의 할인율은 갈 데까지 갔다는 것을 알 수 있습니다. 이제는 가격과 입지 승부만이 남아 있는 상태입니다. 물론 아직도 사진의 소비율은 높은 편입니다. 자녀가 있는 가정이나 사진을 취미로 삼는 사람들을 대상으로 커뮤니티를 만들면서 고객을 만드는 방법도 있습니다. 하지만 가격이 너무 저평가되어 있어 뭔가 확 와닿지 않았습니다.

그런데 저의 이런 편견, '이 사업은 재미없다'라는 고정관념을 일순간에 무너뜨리고, 사진업이 번쩍번쩍한 사업이라는 것을 알려준 사람이 바로 카네야마 씨입니다. '어떤 업계라도 돌파구가 있다'라는 것을 여러분도 이번 기회에 꼭 배우시기를 바랍니다.

카네야마 씨는 NPO 법인을 설립한 사람입니다. NPO라는 것은 비영리단체(Non Profit Organization)를 말합니다. 제가 그에게서 받은 첫인상은 '사진점이 어떻게 NPO 법인을 만들 수 있을까?'였습니다. 그런데 카네야마 씨의 설명을 듣고 나서 이것은 대단한 일이라고 감탄했습니다. **사진가를 육성하고, 지역의 자연을 사진으로 남기는 일을 비영리사업**으로 하려고 했던 것입니다.

카메라를 파는 것이 아닌, 사진가를 육성하는 사업. 카메라를 파는 것이 아닌, 지역의 자연을 사진으로 남기는 사업이라니, 그는 그러한 일을 도모하고 있던 것입니다. 그가 이런 관점을 가진 순간에 지금까지 재미없던 사진관이 번쩍번쩍한 비즈니스로 탈바꿈했습니다. 매스컴에서도 홍보를 해줬고, 공무원들에게 지원도 받을 수 있었습니다.

이 사업을 진행한다면 사진을 좋아하는 커뮤니티를 만드는 것에도 연결됩니다. 당연히 사진을 가르치는 교실은 인기가 있습니다. 그러면 비싼 카메라도 팔릴 수가 있겠죠. 그렇게 되면 사진 인화도 늘어납니다. 사진과 관련된 다양한 상품이 판매됨과 동시에 본업의 이익도 늘어납니다. 게다가 이 비즈니스 모델을 프랜차이즈처럼 전개하면 **단숨에 전국에서 활동**을 일으킬 수 있습니다.

콘텐츠 비즈니스를 구상했더니

NPO 법인을 설립해버렸습니다.

그 결과 멤버십 마케팅이 됐습니다.
'NPO가 도대체 뭐야?'라고 생각하시는 분들에게 간단하게
설명해드리겠습니다.

- 중략 -
일부 프로젝트가 시작됐지만, 예정대로 2002년 봄에 법인화 예정입니다.
그 활동은 다양하지만, 다음의 활동을 시작하려 합니다.

> 01. 보험, 의료 또는 복지 증진을 도모하는 활동
> 02. 사회교육 추진을 도모하는 활동
> 03. 거리 조성 추진을 도모하는 활동
> 04. 문화 예술 또는 스포츠 진흥을 도모하는 활동
> 05. 환경보전을 도모하는 활동
> 06. 재해 구호 활동
> 07. 지역 안전 활동
> 08. 인권옹호 또는 평화 추진을 도모하는 활동
> 09. 국제 협력 활동
> 10. 어린이 건전 육성 도모 활동
> 11. 남녀 공동 참여 사회의 형성을 촉진하는 활동
> 12. 1부터 11까지 활동하는 단체의 운영 또는 활동에 관한 연락, 조언 또는
> 원조 활동
> (특정 다수의 이익 증진에 기여하는 것을 목적으로 하는 활동일 것)

자금 0엔으로 실버 산업에 진출할 수 있는 방법

자, 말씀드렸지만 저는 '사진가'입니다.
사진으로 사회에 공헌할 수 있는 것은 '평생 학습', '환경 문제', '마음의 장벽 허물기'가 있습니다. 현재 사진 소매업에서는 용품 판매가 생각대로 늘고 있지는 않습니다. 거기에는 여러 가지 요인이 있습니다만, 촬영 기회가 없는 것과 그 결과, 새로운 용품을 구매할 필요가 없기 때문일 것입니다.
또한, 디지털 카메라가 보급되면서 필름이나 사진을 현상할 필요성이 사라졌기 때문입니다. 제가 NPO를 통해서 하고 싶은 일은 시니어층을 끌어들여 전국 규모의 전개를 고려하고 있습니다. 시니어층은 돈을 쓰고 싶지 않을 때 이렇게 말합니다. "연금은 금액이 정해져 있으므로 아껴서 써야 하니 돈을 쓸 여유가 없다"라고요. (이하 생략)

NPO 법인을 설립할 때는 반드시 전문가의 도움을 받아야 합니다. 여기서 여러분이 배웠으면 하는 것은 비즈니스를 통해 무엇을 하면 좋을지 **대의명분을 세우면 고객의 지지**를 받을 수 있다는 점입니다. 고객이 "이 회사는 좀 고리타분한데?"라고 생각할 수도 있습니다. 하지만 고객은 대의명분을 가지고 있는 회사와 이익만을 추구하는 회사가 있다면, 대의명분이 있는 회사를 더 지지하는 경향이 있습니다.

이렇게 지금까지 상품만 판매했던 비즈니스에서 사회를 발전시키는 비즈니스로 방침을 전환한다면, **고객의 공감을 일순간에 얻을 수 있습니다.** 즉, 매력적인 회사로 변신하게 되는 것입니다. 그리고 한번 구조를 만들어놓으면, 같은 구조로 비교적 쉽게 전국에 진출할 수 있습니다. **정체됐던 진부한 사업을 활성화해서 리더십을 획득한 회사는 업계 지도를 바꿀 힘을 갖게 되는 것입니다.**

순식간에 반짝거리는 상품으로 만드는 방법

다음의 사례는 카네야마 씨의 사례에서 이어지는 것인데, 고리타분해진 상품을 **일순간에 반짝거리는 상품으로 만드는 방법**입니다. 술을 제조하는 회사인 사모란의 타케무라(竹村) 사장의 사례로, 이 사례는 여러 방면에서 연구할 만한 필요가 있습니다. 미션을 가진 상품을 시장에 투입할 때 특히 도움이 될 것입니다.

사모란은 '일본을 건강하게 한다!'라는 미션을 사카모토 료마를 통해 전달하고 있습니다. 술 판매가 일본을 건강하게 만드는 활동으로 일순

간다 마사노리 님에게

사모란주조(주) 사장 타케무라 아키히코(竹村明彦)

> '일본을 건강하게 한다'라는 웅장한 미션의 상품을 출시했더니 이거 대단한
> 일이 되어 버렸습니다! 간다 마사노리 선생님, 고맙습니다!

항상 신세를 지고 있습니다.
- 중략 -

뉴스레터 발행이니 뭐니 하는 등 여러 가지 실천은 하고 있었습니다만,
2001년 여름, 지금까지 배운 내용을 구사해 신상품을 만들어 보려고 했습니
다. 이전부터 가슴에 따뜻하게 품고 있던 '료마의 전언'26)이라고 하는 3개의
시리즈 상품입니다. 참고로 당사의 '사모란'은 시바 료타로(司馬遼太郎)의 책
《료마가 간다》에도 실려 있습니다만, 사카모토 료마(坂本龍馬)와 저는 매우
인연이 깊습니다. 하지만 아쉽게도 '료마'라는 상표는 타사에 빼앗긴 상태입
니다.

그런데 일주일 정도 땀 흘려 'PASONA 법칙'을 사용한 주류 판매점 전단(A4
판 4쪽)과 '매스컴을 내 편으로 만들어 무료로 보도되는 방법'을 사용한 뉴스
릴리스(A4판 1페이지)가 완성됐습니다. (별지 참조) 땀 흘리며 생각한 것은 "상
품에도 미션을 주자!"라는 것이었습니다. 어쨌든 막부 말기의 영웅 사카모토
료마의 친필 편지 문자를 라벨로 한 상품입니다. 그러니까 어설픈 미션으로
는 료마가 슬퍼할 것입니다. 좀 일이 커진 감도 있지만, 전단의 카피에 제가
품고 있는 미션을 써봤습니다.

"료마의 뜨거운 메시지와 함께
이 술이 일본을 건강하게 한다!"입니다.

(이하 줄임말)

---

26) 료마의 전언 : 사모란의 '료마의 전언' 시리즈는 2007년에 끝났지만, 2008년에 다시 리뉴얼되
어 재발매됐습니다. 2010년, NHK 대하드라마 <료마전> 방영의 영향으로 대히트를 쳤습니다.

간 탈바꿈하게 된 사례인데 즉, 술을 판매만 하는 것이 아닌, 일본을 건강하게 만들자는 이미지를 소비자에게 제공해 그 대가로 소비자가 술을 사도록 유도하는 것입니다.

여러분이 배웠으면 하는 중요한 지점은 "일본을 건강하게 한다!"라는 미션을 **일관성 있게 주류 판매점에 전달했다**는 점입니다. "일본을 건강하게 한다!"라는 단순한 슬로건만으로는 주류 판매점에 그 뜻이 온전히 전달되지 않습니다. 패키지 판매 도구, 뉴스레터 등 그 모든 것을 총괄해 일관성 있는 메시지를 전달해야 합니다.

특히 판매점의 장점을 크게 부각하고 있다는 점에 주목해야 합니다. '료마의 전언' 전략 모델이라는 부분인데, 이는 팔리는 구조를 보여주고 있습니다. 통상적으로 브랜드의 팸플릿에는 제품 품질의 장점만 나열되어 있습니다. 하지만 이 팸플릿은 판매점의 장점이 전면에 부각되고 있죠.

이 사례에도 물론 세세하게 개선할 점은 있습니다. 하지만 전략이 제대로 세워져 있으므로, 그런 세세한 오류는 결과에 큰 영향을 미치지 않습니다. 다만 나중을 위해 살펴보면 다음과 같은 개선점이 있습니다.

---

27) 원주 : 주류 제조에 있어서 배합·출하공정 이전의 술입니다. - 편집자 주.

28) 할수 : 원주에 물을 더해 알코올 도수를 조정하는 작업입니다. - 편집자 주.

29) 다이긴죠 : 일본의 술입니다. - 역자 주.

30) 탈번 : 자신이 속한 제후국인 번을 탈출해 낭인이 되는 것을 말합니다. - 편집자 주.

31) 신관 : 신사에 종사하는 관직입니다. - 편집자 주.

32) 퍼블리시티 : 광고주의 의사와는 관계없이 무료로 매체 측의 계획에 의해 내용의 표현 등이 자유롭게 기사화되는 선전 방법입니다. - 편집자 주.

상품 내용

현존하는 사카모토 료마의 편지 중에서 현대의 일본인에게 전달하고 싶은 생생한 언어를 발췌해 술 이름의 라벨로 디자인합니다.

(1) 사모란, 본양조 원주 (720ml, 1,300엔)

료마의 전언

"일본을 다시 한번 때려눕히겠습니다."

(-중략-)

● '료마의 전언' 전략 모델(팔리는 구조)

주질

[한 모금 마시고 '맛있다!'라고 말할 수 있는 임팩트가 있는 향미]

저알코올 전성시대에 맞는 원주(原酒)27) 타입의 3개 상품. 세상은 소프트화, 저알코올화 등을 말하지만, 같은 사케의 할수(割水)28) 타입(15도대)와 원주 타입을 실제로 소비자가 시음하도록 하면, 무려 70% 이상의 분(특히 여성)이 원주 타입의 술이 맛있다고 평합니다!

한 종류의 술을 대량을 마시는 시대는 저물고, 한 입 마시면 "맛있다!"라고 말할 수 있는 임팩트 있는 술을 소량으로, 여러 종류를 즐기는 스타일이 주류가 되는 요즘입니다.

이런 원주 타입의 술이야말로 소비자가 원하는 술이 아닐까요. 또 이 유형은 본래 토속주의 전통적인 스타일인 '뼈가 굵은 매운맛 남자의 술'의 전형이라고 할 수 있습니다. (이하 생략)

디자인/라벨/네이밍/스토리텔링

[딱 봤으면 좋겠다는 생각이 들게 한다]

토속주라고 하면 뭐니 뭐니 해도 사카모토 료마입니다. 전국적으로 보아도, 역사상의 인물로도 가장 인기가 많은 것이 료마입니다. 젊은 사람들에게도 인기가 많은 것이 큰 특징입니다.

지금과 같은 혼돈의 시대에 료마의 뜨거운 언어가 우리 가슴에 생생하게 와닿는 것이 아닐까요. 특히 선택된 다음의 세 가지 메시지는 일본을 활기 넘치게 만드는 말들뿐입니다. "일본을 지금 한 번 더…"라는 말에서는 료마의 '큰 의지'가 전해지고, "어떤 의지도…"라는 말에서는 우리를 '질타 또는 격려'하고, "세상에서…"라는 말에서는 료마의 '기개'가 전해집니다. 실물의 편지 (이하 생략)

시장과 가격

[희소성과 저렴한 가격의 양립]

다이긴죠(大吟釀)29)만 희소한 술이 아닙니다. 한정 생산, 한정 유통으로 희소성은 생깁니다. 높은 부가가치 대비 저렴하고 구하기 쉬운 가격을 실현하고 있죠. 료마가 탈번(脫藩)30)할 때 참배했다는 코우치 시내의 '와령 신사' 신관(神官)31)이 퇴출시킨 탱크의 술(3종류 각 탱크 1병씩)만을 상품으로 하고 있습니다. 이 점이 희소성, 고부가가치, 화제성을 생성 (이하 생략)

유통 채널 전략

[명확한 한정 유통 채널. 창고와 주판점의 협동]

유통경로는 코우치 현 내와 일본 명문주회로 한정하고, 덧붙여 그중에서 '전략 파트너'(판매등록점)를 한정 모집합니다. 제1기 전략 파트너점은 코우치 현 내 50점, 일본 명문주회 100만 모집합니다. 상품 자체는 모두 제조사 직송. 다양한 정보와 툴, 세일즈톡 등의 직접 파트너 (이하 생략)

판촉

[매스컴을 최대한 활용. 다양한 가치를 전하는 도구도 준비]

매스컴을 내 편으로 만들어서 무료로 판촉할 수 있는 확률을 높이는 마케팅 수법을 구사해 매스컴 퍼블리시티(publicity)32)를 최대한 활용하겠습니다. 이후에는 다양한 미디어에 등장하는 일이 가능해질 것입니다. 일반 소비자, 식음료 매장, 주류 판매점을 향한 각각의 가치를 전달(입소문이 나기 쉬운)하는 툴도 수시로 투입하겠습니다. 또 상품 1개 (이하 생략)

어떠셨습니까? 분명 이해해주셨을 것으로 생각합니다.

덧붙여 금년도의 '전략 파트너점' 모집 마감은 2001년 9월 22일(토)로 되어 있습니다만, 당분간 상품 수량이 한정되어 있어 그 이전이라도 예정 점포 수에 도달하는 대로 마감하겠습니다. 또 사모란에서 엄정한 심사를 거쳐 최종 '전략 파트너점'을 결정하오니 그 취지에 양해 부탁드립니다.

'전략 파트너점에 대한 신청방법은 간단합니다! 뒤에 있는 신청서로 지금 바로 신청해주세요!'

---

① 제목에서 상대의 장점을 말한다

갑자기 '상품 내용'이라는 제목이 나오고 있지만, 이렇게 해서는 안 됩니다. 제목은 읽는 독자의 장점을 표현하는 자리입니다. 따라서 판매점의 장점을 표현하는 것으로 대체해야 합니다. 예를 들어 다음과 같이 변경할 수 있습니다.

상품 내용 → "여러분 매장의 집중력을 높이는 3개의 상품 타입은?"

'료마의 전언' 전략 모델(팔리는 구조) → "왜 '료마의 전언'으로 고객이 모일까요?"

주질 → "한번 마시면 '맛있다'라고 말하면서 입소문이 퍼질 수 있는 향미"

② 매스컴에서 보도된 이력을 게재한다

"매스컴에 어필하겠습니다" 정도로는 부족합니다. '증거'를 보여줘야 합니다.

③ 주문서는 사진을 삽입해 설명한다

구체적으로는 술병에 부착하는 설명서 사진을 게재합니다. (현 상황에서는 어떤 것인지 이미지를 보여드리기 어렵습니다)

④ 상품 사진뿐만 아니라 매장 안에 진열된 사진도 게재한다

구체적인 사진을 보여줌으로써 고객이 움직이게 만듭니다.

불변의 마케팅

⑤ 고객의 소리

소비자가 맛을 보면서 내는 의견을 기재합니다.

⑥ '왜 맛있는가?'에 대한 설명

고객은 사카모토 료마를 좋아하면서도 맛없는 술은 사지 않습니다. 왜 사카모토 료마의 술이 맛있는지를 직감적으로 알 수 있는 설명을 라벨에 덧붙입니다.

⑦ 팸플릿을 만든다고 해서 반응률은 올라가지 않는다

사장이 직접 손 글씨로 쓴 편지를 보내는 게 더 효과적입니다. 내용은 팸플릿과 같은 문장이어도 괜찮습니다.

⑧ 신청서는 별지로 덧붙인다

그렇게 하면 팩스의 회신률이 올라갑니다.

⑨ 신청서의 내용은 알기 쉽게 쓴다

앞의 상품 내용 사례를 보면 전략 파트너와의 이해관계를 제대로 파악하기가 어렵습니다. 그러므로 고객은 신청하는 것을 보류하게 됩니다. 따라서 영업맨이 전화로 내용을 따로 설명하기까지 반응률이 저조했을 것입니다. 신청서 하단에 주의사항으로 전략 파트너의 조건이 적혀 있긴 하지만, 마치 계약서처럼 보여 읽고 싶은 마음이 생기지 않습니다. 여기에서 목적은 긴급성을 유발하는 것입니다. 그러려면 주의사항의 내용은 더 간단하게 서술하는 것이 효과적입니다. 조건을 제시하려면 다음과 같은 표현을 써봅니다.

"한 가지 말씀드리면 '료마의 전언'은 모든 주류 판매점에 소개하고 있는 제품은 아닙니다. 저희도 브랜드와 더불어 주류 판매점도 함께 성장할 수 있는 기폭제로 광고비용을 투입하고 있습니다. 그렇게 함께 성장하고 싶은 주류 판매점은 신뢰를 같이 구축해나갈 수 있는 매장으로 한정하고 있습니다. 부디 이해해주시길 바랍니다. 저희 제품을 판매할 수 있는 매장의 조건은 다음과 같습니다. (이하 생략)"

⑩ 고객의 소리를 듣는 전화 서비스를 철저히 한다

전화로 영업할 때는 "(자료를) 어떻게 보셨습니까?"라고 질문을 해서는 안 됩니다. "보셨습니까?"라고 질문하면 고객은 "네"라고 대답하지 못합니다. 왜냐하면 "네"라고 대답하면 영업맨으로부터 바로 영업이 들어올 거라는 부담감을 느끼기 때문입니다. "네, 봤습니다"라고 대답하면 "그것참 재미있네요"라고 이어질 수밖에 없습니다. 이렇게 되면 전형적인 **영업 멘트만 이어지는 것**입니다.

"어떻게 보셨습니까?"라고 하지 말고 단도직입적으로 용건을 말하는 게 좋습니다. "사카모토 료마를 전면에 내세우는 새로운 술의 판매 전략 파트너 마감날이 ○일인데 신청하시겠습니까?"라고 명확하게 묻는 것이 효과적입니다.

⑪ 뉴스레터는 큰 글씨, 밑줄을 쳐서 읽기 쉽게 만든다

앞의 사례는 필요 이상으로 글자가 너무 많습니다. 문장을 좀 더 간략히 하고 큰 글자, 밑줄을 그어 읽는 이가 편하게 읽을 수 있도록 만듭니다. 뉴스레터의 효과를 보려면 수개월이 걸릴 수도 있습니다. 반년, 1년이 지나면 믿을 수 없을 정도의 효과를 낳습니다.

거기에 미션을 가지고 비즈니스를 펼치면, 지금까지는 보통의 비즈니스였던 것이 일순간에 상품이 주목받는 반짝반짝 빛나는 브랜드로 탈바꿈하게 됩니다. **브랜드는 결국 그 상품에 얼마만큼의 팬이 있느냐의 문제입니다. 팬은 그 회사, 상품 철학에 공감하는 사람들입니다.** 그러므로 사장이 각오하고 운영 철학을 제시하지 않으면 안 됩니다.

복수의 수입원을
어떻게 만들 것인가?

노하우를 파는 발상

가장 손쉬운 방법은 회사 안에 축적된 노하우를 패키지화하는 것입니다. 후쿠오카에 있는 한 도장 회사의 예를 들어보겠습니다. 도장 기술을 판매하는 회사였는데, 지금까지의 도장 노하우를 '퀵페인트 사업'으로 패키지화했습니다. 그러기 위한 기재나 기술, 고객 모으기 방법을 정리한 것이었죠. 이 경판금, 도장이라는 분야는 카콤비니 구락부[33])라고 하는 프랜차이즈가 생길 정도로 급성장하고 있는 분야입니다. 다른 경쟁업체와 차별화하기 위한 포지셔닝을 저와 함께 궁리했습니다.

퀵페인트라고 하면 보통 사람들은 그 개념을 잘 모릅니다. 그래서 우리는 높은 빈도수, 낮은 가격으로 신규 고객에게 어필할 수 있는 프론트엔드 상품을 고안했습니다. 신규 고객은 도장을 할 때 흠집과 움푹 패인

---

33) 카콤비니 구락부 : 2000년에 창설한 자동차판금수리 프랜차이즈입니다.

것에 가장 많이 신경 씁니다. 따라서 제일 먼저 찾는 서비스이기도 합니다. 이에 착안해 우리는 '흠집·패임 110번'이라는 이름을 지었습니다. 그리고 사람들의 이목을 끌 정도로 괜찮은 간판을 제작했습니다. 이 회사는 이후 전국 100점 이상의 가맹점을 확보하게 됩니다.

우리는 도장을 파는, 즉 '물건을 파는 사업'에서 '도장을 활용해 돈을 번다'라고 하는 '노하우를 파는 사업'을 일으킨 것입니다. 그러면서 지금까지의 수익을 수배 가뿐히 넘는 수익을 창출했습니다.

회사 안에는 축적된 현금자산이 잔뜩 있습니다. 여러분만 그것을 잘 모르고 있을 뿐이죠. 사내에서 광고로 사용하고 있는 '반응률 좋은 일러스트'를 엮어 일러스트집으로 만들어 제공하면 그것도 노하우가 됩니다.

우리 회사에서 제공하고 있는 뉴스레터의 자료를 제공하는 것도 노하우가 되겠죠. 직원을 해고하는 방법을 제공하는 것도 노하우가 됩니다. 매상을 올리는 이름 만들기, 시간이 걸리지 않는 파일 정리법 등 그 모든 것이 노하우가 될 수 있습니다.

이렇게 노하우만 모아서 팔면 본업을 뛰어넘는 수익이 수개월 후에 발생할 수 있습니다. 물론 매일 붕어빵을 계속 굽는 것도 좋습니다. "매일매일 우리는 말이지" 이렇게 흥겹게 노래하면서 붕어빵 굽는 기술로 일본 제일을 꿈꿀 수도 있습니다.

그런데 또 다른 선택지로 '붕어빵 굽는 사람이 고백하는 누구나 할 수 있는 행렬 만들기 101 기술 – 3일 안에 행렬 만들기가 되지 않는다면 환불해드립니다'라고 하는 노하우를 제공할 수도 있겠죠. 이런 발상이 지금까지 한 일에서보다 더 많은 수익을 낳을 수 있습니다. 본업과

베팅하라는 것은 아닙니다. 누구나 시도할 수 있다는 점에 착안해주시
길 바랍니다.

비즈니스 모델
사고란?

<일경신문>에 소프트뱅크 손정의(孫正義) 사장의 인터뷰 기사[34]가 실린 적이 있습니다. 그 인터뷰는 'ADSL의 흑자에 확신이 있다'라는 내용이었습니다. 마케팅의 관점에서 보면 그는 정말 경영을 잘하고 있는 사람이었습니다. 실제로 그 정도로 자기 회사의 마케팅에 대해 명확하게 설명할 수 있는 사장은 상장기업에 별로 없습니다. 손정의 사장이 인터뷰한 내용 중에서 여러분이 배워야 하는 레슨 포인트에 대해 말씀드려보겠습니다.

1. 어느 경로에서 고객이 몇 명 왔나?

소프트뱅크의 ADSL의 가입자 수는 갑자기 늘었습니다. 공급망을 배

---

34) 인터뷰 기사 : 소프트뱅크가 휴대전화 사업에 손을 댄 것은 2006년입니다. 인터뷰 기사가 실린 2003년 당시에는 ADSL(전화 회선을 사용한 고속 인터넷 연결 서비스) 가입자 모으기에 매진하고 있었습니다.

포하고 이용료 2개월 치를 무료로 하는 캠페인을 벌인 효과 덕분이 아니냐는 질문에 손정의 사장은 이렇게 답했습니다.

공급망 배포 덕분인 것도 있지만 신규 고객 유입을 유도하는 것은 가전제품 판매점 루트나 야후 사이트의 경유가 많습니다. TV광고의 집중 투하를 생각하면 비용은 생각보다 많이 지출되지 않습니다. 우선 시험 사용해보고 마음에 들면 본계약으로 이행하는 수법은 1% 이하의 적은 해약률로 연결됩니다. (2002년 12월 7일 <일본경제신문>)

"신규 고객 유입을 유도하는 것은 가전제품 판매점 루트나 야후 사이트의 경유가 많습니다"라는 것은 손 사장이 자사의 고객이 어떤 루트로 유입되는지를 명확하게 알고 있다는 이야기입니다. 여러분은 여러분 회사의 고객이 어디에서 오는지 매체별, 유통별로 제대로 파악하고 계시나요?

2. 매체별 집객 비용을 파악하고 있는가?

"TV광고의 집중 투하를 생각하면 비용은 생각보다 많이 지출되지 않습니다." 이것도 1의 항목과 마찬가지로 매체별 CPO(Cost Per Order)를 제대로 파악하고 있는 것으로 볼 수 있습니다. 대체로 기업의 99.9%는 이런 것을 생각하고 광고하지 않습니다.

3. 매체별 고객 정착률, 유출률을 가지고 있는가?

"우선 시험 사용해보고 마음에 들면 본계약으로 이행하는 수법은 1% 이하의 적은 해약률로 연결됩니다." 더욱이 손 사장은 매체별 고객 정착률이나 유출률을 아는 상태에서 매체의 선택을 이행하고 있습니다.

4. 프론트엔드·백엔드 구조를 설계한 후 사업하고 있는가?

같은 인터뷰에서 경쟁이 치열해지면 기업의 흑자가 늦어질 가능성에 대해 질문을 받은 손 사장은 다음과 같이 답했습니다.

> "가입자 한 사람당 월 수익은 꾸준히 올라 현재 평균 4,000엔입니다. ADSL의 수익을 토대로 모델의 임대료, 인터넷 프로토콜(IP) 전화의 통화료 등의 복수 서비스 이용료가 계속 오르고 있습니다. 각각의 요금은 저렴하지만, 합하면 업계에서 꽤 높은 수준의 가격이 나옵니다. 복수 서비스를 제공하는 전략은 원래부터 시스템 설계가 된 것으로, 다른 회사가 쉽게 따라올 수 없는 구조입니다."

이 발언에서 우리가 배워야 할 점은 상당히 많습니다. 특히 각각의 요금은 저렴하지만 합하면 업계에서도 최고로 높다는 이 발언은 특히 그렇습니다. 수많은 기업의 대표들이 자사 상품이 업계에서 싸다는 것을 자랑하는데, 손 사장은 업계에서 자사 상품이 비싸다는 것을 자랑하고 있습니다. 당연한 이야기지만, 투자자는 업계에서 무엇보다 높은 판매력이 있는 비즈니스에 후한 점수를 줍니다.

① 여러분의 회사가 각각의 요금은 저렴하지만 합한 요금은 업계에서 최고로 높은 것으로 설정합니다. 비즈니스의 구성은 어떻게 만들 수 있는지, 그러려면 어떤 방법을 써야 하는지를 생각합니다.

② 또 여러분의 회사 시스템을 다른 회사가 흉내 내지 못하도록 하려면 어떻게 해야 하는지를 생각합니다.

이 질문은 가치가 억만금입니다. 이 질문에 대한 답을 생각해낼 수 있다면, 여러분의 비즈니스 구성은 더욱 힘을 받을 것입니다.

5. 고객획득 비용, 투자 회수 기간을 알고 있는가?

손 사장은 더 나아가 이런 말을 합니다.

지금부터 법인을 위한 서비스, 무선 LAN, TV 등을 위한 서비스를 넓혀 나간다면 일인당 월 수익은 더 오를 전망입니다. 현재의 가입자 획득 비용은 한 사람당 2만 엔입니다. 일인당 월 수익이 4,000엔이기 때문에 5개월 후에는 투자가 회수된다는 것을 알 수 있습니다. 전기나 가스 등의 인프라 사업으로 5개월 후에 자금 회수가 되는 모델은 없습니다.

손 사장은 고객 획득 비용을 제대로 파악해 투자 대비 비용 효과를 생각합니다. 이것도 다이렉트 마케팅의 프로다운 발언이죠. 대개 기업 사장은 "귀사의 고객 획득 비용은 얼마입니까?"라는 질문에 선뜻 대답하지 못합니다. 게다가 다이렉트 마케팅에 대해서도 광고를 해서 돈을 벌 수 있느냐, 벌지 못하느냐와 같은 단기적인 관점만 있습니다.

거기에 '브로드밴드의 가입자획득 비용은 2만 엔'이라고 손 사장이 말하고 있는 것은 소프트뱅크라는 브랜드치고는 상당히 비쌉니다. 실천회의 방법론을 사용한다면 훨씬 더 고객획득 비용을 낮추는 것이 가능할 것입니다.

6. 전략 수정이 정기적으로 이루어지고 있는가?

"그 어떤 마음으로 시작한 사업이든 간에 우연히 지속되는 것이 아닙니다. 매번 방향을 수정하는 것은 당연한 일입니다."

"사업의 눈부신 변화를 미처 따라가지 못하는 투자자도 있지 않습니까?"라는 질문에 손 사장은 위와 같이 답했습니다. 대부분 회사는 방향 수정이 쉽지 않습니다. 방향 수정을 하게 되면 손 사장처럼 고객, 직원, 그리고 매스컴으로부터 주목받기 때문입니다. 주목을 받는다는 것은 두려운 일입니다. 일시적으로 고객이 유출될 수 있기 때문에 결정이 쉽지 않습니다. 하지만 **사업이 다음 단계로 진입할 때는 직원이 바뀌어야 고**

객도 바뀝니다. 반대로 말하면, 잭 웰치(Jack Welch)[35]가 말한 것처럼 매년 하위 5~10%의 직원은 해고하지 않으면 안 된다는 것과 같습니다. 잭 웰치가 한 말에 저의 생각을 덧붙이면, 직원과 마찬가지로 고객도 하위 5~10%에 해당하는 고객은 버리고 가야 한다는 것입니다. 그것을 두려워한다면 다음 단계로 진입하는 것이 어려워집니다.

기업의 주가는 마케팅 전략만으로 결정되는 것이 아닙니다. 환율이나 IT산업 전반의 동향과 관련이 되어 있어 예측하는 것이 상당히 어렵습니다. 하지만 손 사장은 수천 억이 오가는 기업 환경에서 현장의 숫자를 제대로 파악하고 있습니다. 그는 다른 경영자와 비교도 할 수 없는 차별성을 지닌 마케팅 능력이 있는 것입니다.

이 짧은 인터뷰 기사에서 우리가 배울 수 있는 점은 꽤 많습니다. 이 것이 비즈니스 모델의 사고, 전략 사고라고 불리는 사고법입니다. 돈을 벌지 못하는 기업은 돈을 버느냐, 벌지 못하느냐, 이런 단순한 생각밖에 하지 못합니다. 이런 방식으로 돈을 벌 수 있는 비즈니스는 물건을 팔고 도망가는 사기성 짙은 상품밖에 없습니다. 손 사장은 돈을 벌 수 있는 비즈니스를 선택하고 있습니다.

여러분은 여러분의 비즈니스 모델을 설명할 수 있습니까? 비즈니스 모델이라고 하는 말이 범람하고 있지만, 그 의미를 제대로 설명할 수 있는 사람은 적습니다. 이 기사를 읽으면 비즈니스 모델이 무엇인지 조금은 실감할 수 있다고 생각됩니다.

---

35) 잭 웰치 : 미국의 제너럴 일렉트릭 사의 CEO를 지낸 경영가입니다. 직원 해고와 다운사이징을 적극적으로 이행하면서 많은 원성을 샀지만, 수많은 경영자에게 영향을 끼쳤습니다. 1999년, 경제지 <포춘>에서 '20세기 최고의 경영자'로 선정됐습니다.

불변의 마케팅

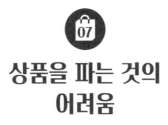

상품을 파는 것의
어려움

성공을 알아차리지 못하는 리스크

자, 다음의 상담 내용은 60만 엔 상당의 활수기를 미용실에 판매한 사례입니다. 미용실에서 사용하는 '물'에 대한 문제점이나 상품개발 경위, 미용실을 운영하는 데 있어서의 어려움 등에 대해 쓴 장문의 편지 형식의 DM을 미용실에 보냈습니다. 300개의 DM을 보냈는데 고객의 반응은 2건. 그리고 2건의 계약 성사로 이어진 결과였습니다. DM 1통에 대한 경비는 2만 5,000엔으로, 매출은 60만 엔입니다. '이건 대단하잖아. 잘되고 있어!'라고 생각했지만, 그 후에 이어진 결과는 다음과 같았습니다.

2회차 DM 200통 발송 – 반응 0건

3회차 DM 200통 발송 – 반응 0건

4회차 DM 200통 발송 – 반응 1건 (현재, 전화로 애프터 중)

"왜 안되는 거지? 사업 초창기라서 그런 건가?" 이렇게 질문할 수 있습니다. 먼저 여러분들에게 판단을 원하는 것은 저 숫자를 보고 "이 DM은 실패인 건가?"라는 것입니다. 합계를 내면 지금까지 발송한 DM의 수는 900통입니다. 그리고 계약이 성사된 건수는 2건이죠. DM 1통에 170엔이니까 경비 합계를 내면, 170엔×900통=15만 3,000엔입니다. 매출은 2건의 기계를 팔았기 때문에 120만 엔, 1대를 더 팔게 된다면 180만 엔입니다. 즉, 이익이 50%라고 하면 <u>15만 3,000엔을 쓰고 수개월 후에 90만 엔으로 돌아오는 구조입니다.</u>

자, 다시 한번 묻겠습니다. "이 DM은 과연 실패한 것일까요?" 지금까지의 결과를 분석해보면 확실히 반응률은 낮습니다. 하지만 투자 대비 비용 효과를 생각하면 수익은 오히려 높은 편입니다. 이럴 때 반응률은 얼마나 의미가 있는 것일까요? 은행에 가서 **통장정리를 하면 반응률이 찍혀 있지는 않습니다. 오직 현금 잔고만 통장에 찍혀 있죠.**

앞과 같은 통계를 토대로 1,000통의 DM을 발송하면, 60만 엔 상당의 기계가 2대 팔린다고 가정해봅시다. 전국에는 약 10만 점의 미용실이 있습니다. 그 10만 점의 미용실에서 약 20%에 해당하는 우수한 미용실에 DM을 발송합니다. 즉, 2만 점의 미용실에 40대의 기계가 수개월 내에 팔릴 수 있다는 이야기가 됩니다. 매출로 따지면 2,400만 엔입니다.

물론 우수한 20%의 미용실에 DM을 보낸 것이기 때문에 반응률은 더 높아질 수 있습니다. 그렇게 되면 매출은 몇 배 더 뜁니다. 자, 이런 상황이라면 여러분은 어떻게 하시겠습니까?

불변의 마케팅

DM[36]을 발송하면 발송할수록 이익은 증가합니다. **1,000엔이 5,000 엔으로 바뀌어 돌아오는 상황**입니다. "앞으로 얼마나 더 바꾸고 싶으신가 요?"라고 묻는다면 "될 수 있는 한 많이요"라고 대답하는 상황인 거죠. 이렇게 되면 반응률이 낮은 것은 문제 되지 않습니다. 2만 통의 DM을 보내기 위해 **우편을 붙이는 직원을 얼마만큼 확보**하는 게 중요해집니다. 지 금 이런 비슷한 상황에 놓여 있으면서 시도하지 않는 것은 2,400만 엔 에 해당하는 당첨 복권을 손에 쥐고 있으면서 은행에 교환하러 가지 않 는 것과 같습니다.

하지만 당첨금을 수령하기까지는 기한이 존재합니다. 만약 이 시장 이 매출이 좋은 시장이라는 것이 확실하다면 동종의 기계를 파는 라이 벌도 있습니다. 이렇게 되면 반응률이 급속히 떨어집니다. 즉, '진짜' 매 출이 좋은 시장이라고 생각될 수 있는 기간은 1년도 채 되지 않습니다. 최근의 시장은 도전의 문이 열리는 시간이 점점 짧아지고 있습니다.

그래도 반응률에 집착하는 경우는?

그럼에도 어떻게든 반응률을 올리고 싶다면 두 가지의 방법을 시도 해볼 수 있습니다. 하나는 지금까지 **성공한 계약 2건에 공통된 특징이 있는**

---

36) DM : 지금은 이런 DM에 관련해서 인터넷 광고가 중요한 마케팅 미디어로 자리 잡고 있는데, 메커니즘은 여기에 쓰여 있는 내용과 거의 비슷합니다. 한번 수익이 발생하는 모델이 창출되 면, 전국을 향해 일시에 광고를 내보낼 수 있게 됩니다. 테스트 마케팅으로 최적의 매체가 되 는 것입니다. 그 후에는 우편을 통한 DM, 또는 신문에 삽입하는 광고를 넓혀감으로써 리스크 를 최소화하면서 매출을 올릴 수 있게 됩니다.

지, 없는지 조사하는 것입니다. 어느 정도의 규모인지, 어떤 문제점이 있는지를 살핍니다. 활수기에 내장된 필터는 파일드 세라믹을 사용하고 있습니다. 파일드 상품은 미용실에 제법 납품되고 있는 상품입니다.

그렇다면 계약된 2건은 파일드 상품을 이미 애용하고 있을 가능성이 있습니다. 즉, '파일드 연관 상품'이라는 점 때문에 미용실에서 구입했는지도 모릅니다. 이런 공통점을 찾았다면 DM의 방향성을 바꿔볼 수 있습니다. 어디로 하든 20%를 통해 80%의 이익이 창출되는 것이기 때문에 먼저 그 20%의 판매처를 찾아내는 데 주력합니다.

또 다른 방법 하나는 DM 패키지를 개선하는 것입니다. DM 패키지 안에 '이 상품을 쓰면 좋은 점이 있다'라는 압도적인 증거를 집어넣습니다. 그 증거의 일부분을 보여드리면 다음과 같습니다.

1. 매스컴에 보도된 기사.
2. 공적 시험장의 수질검사 검사표.
3. 이 기계를 사용하면 모질이 변화하는 사용 전, 사용 후 사진.
4. 이 기계를 사용하면 손 피부의 트러블이 개선되는 사용 전, 사용 후 사진.
5. 고객의 피드백이 높아진다면 그 구체적인 숫자, 또는 고객의 목소리.
6. 미용사의 손 피부 트러블이 개선이 된다면 그 기쁨의 목소리.

기계를 파는 사람이 스스로 "우리 물건은 훌륭하다"라고 하는 것으로는 충분하지 않습니다. 증거가 없다면 아무도 여러분을 신뢰하지 않을 것입니다. 만약 유명한 미용실에서 사용하고 있다면 그 매장에 협조 요청해서 구체적인 이름을 활용할 수 있도록 허락받습니다. 그에 따라 반응률이 몇 배 이상 뛸 수 있습니다. 이름을 사용하는 대가로 당연히 사례를 해야 합니다.

예를 들면 매출의 1%인 6,000엔을 제공할 수 있습니다. 미용실 입장에서는 아무것도 하지 않고 그 돈이 손에 들어오는 것이기 때문에 기쁠 수밖에요. "확실히 유명한 미용실의 이름을 활용하면 영업은 쉬워집니다. 하지만 허가를 따내는 과정이 꽤 까다롭네요"라고 말씀하실지도 모릅니다. 하지만 허가만 따낸다면 반응률이 올라서 2,400만 엔의 매상을 올릴 수 있습니다. 어떻게 하시겠습니까?

60만 엔의 기계를 무료로 설치하려면 앞에 나열한 증거가 꼭 필요합니다. 그만큼 많은 설명을 하려면 처음 발송한 DM만으로는 부족합니다. 그래서 영업 스텝을 한 번 더 돌려야 합니다. 구체적으로 설명드리면, 처음 발송하는 DM은 A4 기준으로 반 페이지 또는 한 페이지의 팩스를 보내는 것으로 합니다(또는 B5 반의 엽서 DM).

내용을 쓸 때는 이렇게 합니다. "○○미용실은 왜 머리 감을 때의 느낌이 다른지, 그리고 미용사의 손 트러블이 적은지, 이에 대한 특별 리포트를 오늘 중으로 보내드리겠습니다." 본문에는 확실한 사진 4장을 제대로 나열합니다.

1. 수돗물로 감은 머리의 사진.
2. 활수기를 사용해 머리를 감은 사진.
3. 일반적인 미용실의 손 트러블 사진.
4. ○○ 미용실 미용사의 손 사진.

이렇게 해서 비교 사진을 보냅니다. 그 후에 사진에 대한 설명을 간단히 하고 주문서를 해당 매장으로 보냅니다. "이 리포트는 '상당한 효과가 있으므로 다른 미용실에도 알려주고 싶다'라는 ○○ 미용실의 의견을 받아 여러분에게 전달하게 됐습니다. 조만간 보내드리겠지만, 여러분에게 무단으로 보내는 것은 실례이기 때문에 허락하신다면 다음에 송부하도록 하겠습니다. 다음의 송부 승인서에 기입하신 후에 팩스로 답을 보내주시기 바랍니다."

처음 보내는 DM의 내용은 앞과 같이 씁니다. 그러면서 이 리포트를 받는 수신자에게 구체적인 자료를 보내 무료로 시험해볼 수 있다는 것을 알려줍니다. 자료에서는 가격에 대한 정보를 알 수 없는데, 저라면 가격 정보도 기입해서 확실하게 내용을 알 수 있도록 할 것입니다. 어차피 "기계는 얼마인가요?"라는 질문이 나올 것이고, 가격을 모른 채 무료로 모니터를 하는 것을 꺼려 할 수 있기 때문입니다.

또한, 60만 엔이라는 가격이 걸림돌이 되지 않도록 600만 엔에 해당하는 것과 비교할 필요도 있습니다. 예를 들면, "이대로 방치하면 10년쯤 후에는 매장 안의 수돗물에서 녹이 발생하기 때문에 오히려 수백만 엔의 비용이 발생할지도 모릅니다. 그 비용 지출을 미리 방지하고, 고객의 만족도도 높일 수 있으며, 미용사의 고질적인 손 문제도 해결할 수 있습니다" 이렇게 강조합니다(이 부분은 실제로 어떤지 알 수 없으므로 자신의 스타일대로 고쳐보시길 바랍니다).

여기에 덧붙이면, 자료에는 긴급성이 있어야 합니다. 그러한 긴급성을 어떻게 끌어내야 하냐면, "이 아쿠아 테라피는 모든 미용실에서 경험할 수 있는 것이 아닙니다. 서비스의 차별성을 두기 위해 우수한 미용실만 한정해서 제공합니다. 동일 상권에서 구입 조건을 한정하기 위해 다음과 같은 사항을 제안드립니다. 귀사가 저희 영업을 받게 하고 싶지 않은 미용실이 있다면 두 곳을 지정해주십시오. 여러분의 이익을 보장하기 위해 그 매장에는 영업하지 않겠습니다. 선착순으로 진행되기 때문에 만약 다른 매장에서 저희 제품을 이미 구입한 경우에는 귀사에 저희 제품을 제공드릴 수 없는 점, 양해 부탁드립니다."

첫 번째 DM 발송으로 계약이 2건 발생했다는 것은 어쩌면 행운입니다. 사업 초보자라고 괜히 기죽을 필요 없습니다. 필연적인 기회를 잡아 다른 회사가 시장에 진입하기 전에 실적을 쌓아두는 쪽이 승리합니다. 그러면서 지금부터 미용실에 판매할 수 있는 다른 상품도 적극적으로 개발하는 것이 중요합니다. 관련 상품이 아니어도 좋습니다. 미용실 전문 데이터베이스도 좋습니다. 요컨대 '활수기를 판 다음에는 무엇을 팔 것인가?'를 생각하면서 영업하십시오. 다음 상품은 신규 개발 비용이 0 이기 때문에 이익이 그대로 남게 됩니다. 수년 후에는 이 백엔드 상품으로부터 발생하는 매출이 프론트엔드 상품을 뛰어넘을 것입니다. 어쨌든 **어떤 상품이든 처음 첫 거래로 1대를 파는 것이 가장 어렵습니다.** 산고의 고통은 끝났습니다. 앞으로는 전진만 있을 뿐입니다. 힘내십시오!

◆ 제4장 ◆

고객을 팬으로 만들어
입소문을 내는 방법

••

'입소문'은 '최강의 광고 기법'이라고 말할 수 있습니다.
인터넷 세상인 지금도 비즈니스에 종사하는 사람이라면
입소문을 통해 효과적인 고객을 모으는 것이 희망사항입니다.
제4장에서는 실천회 멤버가 실천한
'자동적으로 입소문을 만드는 방법'을 모아봤습니다.

고객을 팬으로
만드는 방법

Amazon.com의 방문자 환영

세계 최대의 인터넷 서점 아마존. 이 회사 정말 대단하지 않습니까? 인터넷을 거의 하지 않는 회사도 이 아마존닷컴은 반드시 주목해야 합니다.

왜 여기서 아마존닷컴을 소개하고 싶은지 말씀드리겠습니다.

1998년, 아마존컴에서 소포가 도착했습니다. 소포를 열어보니 머그컵이 들어 있더군요. 그리고 머그컵과 함께 다음의 종이가 동봉되어 있었습니다(번역 : 간다 마사노리).

친애하는 친구에게

연말연시 휴가가 다가오고 있습니다만, 여러분 덕분에 아마존닷컴의 1998
년은 엄청나게 자극적인 한 해였습니다. 그 1년 사이에 저희는 상품에 음악
과 동영상을 입혀 독일과 영국에 매장을 열었습니다. 홈페이지도 리뉴얼해
서 여러분의 요구사항에 더 수월하게 대처할 수 있게 됐습니다.
여러분들이 느끼고 있는 우리 회사의 자랑거리(산더미처럼 쏟아지고 있습니
다)는 저희에게 상당히 귀중합니다. 여러분들의 노력이 없었다면 저희는 여
기까지 달려오지도 못했을 것입니다.
그에 대한 감사한 마음을 담아 작은 선물을 보내드립니다. 부디 사양하지 말
고 받아주세요. 특별제작한 1999년판 커피잔입니다. 여러분의 건강을 위해
사용해주시면 감사하겠습니다.
정말 여러모로 감사드립니다. 가족, 친구와 오붓하게 지내는 연말, 연초 휴가
가 즐거우시길 바랍니다.

제프 베이조스(Jeff Bezos)
창립자·대표이사

Amazon.com

이 편지를 받고 한 대 맞은 느낌이었습니다. 거기에 해외에서 보내온
소포라니요. 이런 일을 벌이는 회사는 본 적도, 들은 적도 없었습니다.
물론 선물 자체는 대단한 것이 아니었습니다. 하지만 컵에 새겨진 '올
해의 인용구'가 상당히 좋더군요. 하나는 현대 음악가인 존 케이지(John
Cage)의 말이었습니다.

"나는 사람들이 왜 새로운 발상을 하지 못하는지 이해가 되지 않는
다. 나는 낡은 생각이 두렵다."

다른 하나는 헨리 데이빗 소로(Henry David Thoreau)의 말이었습니다.

"상상력으로 세상은 그려진다."

이런 작은 선물 하나로 기업의 개성이 고스란히 드러납니다. 컵에 새겨진 문구 하나가 기업의 비전과 미션이 되는 것입니다. 함께 동봉된 편지를 보면 알 수 있지만, 그리 잘 쓰인 문장은 아니라는 것을 알 수 있습니다. 세계 최고, 아니 지구 최고 기업의 회장이 직접 쓴 문장이라고는 상상할 수 없을 정도입니다. 어떤 느낌이냐면 '말하듯이 쓰인 언어'라는 것이죠.

기업의 회장인데 회화체를 쓰고 있다니. 이런 지점에서 편지를 읽은 사람들은 그 기업에 대한 애착이 생깁니다. 저는 아마존닷컴에 반해버렸습니다. 그 당시, 아마존닷컴은 창업한 지 5년 정도밖에 지나지 않은 회사였습니다. 회장인 제프 베이조스는 아직 34살이었습니다. 그 후에 일어난 아마존닷컴의 비약적인 성장에 대해서는 따로 설명할 필요도 없겠죠.

불변의 마케팅

비즈니스
콘텐츠화

캐릭터 비즈니스에서 배우다

토요일이었는데 아침 6시에 일어났습니다. 일 때문은 아니었습니다. 아내의 재촉으로 아침 7시부터 장난감 가게에 들러야 했기 때문입니다. 아내는 이런 말을 했습니다.

"교환권을 가져와야 해요."
"아니, 대체 무슨 교환권?"
"애들한테 베이블레이드³⁷⁾를 사주고 싶어서요."

저는 그때 처음으로 '베이블레이드'라는 장난감이 유행하고 있다는

---

37) 베이블레이드 : 2001~2002년 즈음에 초등학생들 사이에서 유행한 현대판 팽이 놀이입니다. 1999년부터 발매하기 시작했고, 같은 이름으로 만화잡지에서 연재한 만화, 2001년에 방송된 애니메이션이 대히트를 치면서 더 유행을 탔습니다.

사실을 알게 됐습니다. 교환권을 배포하는 시간은 오전 8시부터였습니다. 그런데 그전에 7시부터 줄을 서지 않으면 교환권을 받을 수 없는 모양이었습니다.

실제로 그 장소에 도착해보니 교환권을 받으려고 온 사람들로 인산인해였습니다. 1시간 정도 줄을 선 다음에 교환권을 받았는데, 거기에 적혀 있는 번호는 276번이었습니다. 한 사람 앞에 두 장 한정이었는데, 600개 정도밖에 준비되어 있지 않은 모양이었습니다.

실제 상품을 발매하는 시간은 오전 11시 30분이었습니다. 그때까지 상점에 도착하지 않으면 취소된다고 했습니다. 소비자 입장에서는 뭔가 굴욕적인 체험이라고도 할 수 있습니다. 그런데 고생해서 장난감을 손에 쥔 부모와 자녀들은 "와아! 이제야 손에 넣었다!"라며 기쁨의 소리를 지르고 있었습니다.

베이블레이드는 현대판 팽이치기입니다. 단순한 놀이도구지만 이런 게 너무나 잘 팔리고 있습니다. 무려 교환권을 따로 발행할 정도로 말이죠. 저는 그 순간 하나의 생각을 떠올렸습니다. 우리 실천회 회원의 비즈니스에서도 이런 교환권을 발행해보면 어떨까 하는 생각을 말이죠. 그렇다면 그 조건은 어떤 게 있을까 골몰히 생각했습니다. 그래서 교환권을 발행할 수 있는 비즈니스를 최근의 캐릭터 비즈니스를 참고해 조사해봤습니다.

캐릭터 비즈니스를 뒷받침하는 3요소

최근 유행한 장난감[38]은 다음과 같습니다. 베이블레이드, 유희왕 카드, 미니카, 그리고 포켓몬이 있습니다. 이렇게 유행한 장난감에 모두 통용되는 전략이 있습니다. 그 전략에는 고객획득실천회가 지지하는 내용이 그대로 들어 있다고 해도 무방합니다. 교환권을 발행할 수 있는 비즈니스의 조건을 3개 정도로 요약하면 다음과 같습니다.

1. 이야기를 전달하는 매체를 발행한다(예를 들어 뉴스레터). 그 매체를 대량으로 배포한다.
2. 이야기와 상품을 움직이게 한다. 상품은 '승부'와 '수집'을 원칙으로 한다.
3. 승부 이벤트를 만든다.

자, 그럼 세세한 내용에 대해 다시 말씀드려볼까요?

이야기를 전하는 매체

《포켓몬 스토리》에 따르면, 포켓몬이 인기를 끌기 시작한 것은 만화 잡지 《코로코로 코믹》(소학관 발행)이 적극적이고 조직적으로 움직였기 때

---

38) 최근 유행한 장난감 : 2003년 당시 기준입니다.

문입니다. 여기에 캐릭터 비즈니스의 조직구성도 있습니다. 출판사인 소학관은 단순히 포켓몬 만화를 연재하는 데 그치지 않았던 것이죠.

"연동 기획으로 발매한 상품은 소학관 입장에서도 로열티, 수수료, 저작권과 같은 여러 회수금이 있다."《포켓몬 스토리》하타케야마 켄지(畠山けんじ)·쿠보 마사카즈(久保雅一) 공저, 일경BP사 발행, 189페이지 참조)

소학관 입장에서는 지금까지의 잡지 판매, 광고 게시로 얻는 수익 외에 다른 수익 구조가 필요했습니다. 그 구성은 캐릭터를 가진 쪽에서도 상당히 유효한 것이었습니다. 히트상품을 만들게 되면 어떻게 될까요?

"그 비용은 거대한 제조회사가 광고 대리점을 사용해 자사의 제품을 히트시키는 경우를 생각해보면 아주 소액이다."《포켓몬 스토리》190페이지 참조)

잡지 매체와 연동 기획을 벌인 전개는 캐릭터 비즈니스에 있어서 아주 중요한 전략이라고 볼 수 있습니다.

고객을 매료시키는 스토리텔링

우리들의 비즈니스에서도 이들 내용이 시사하는 바는 큽니다. 즉, 이야기를 전달할 수 있는 매체만 확보된다면 말도 안 되는 소액의 비용으로 히트상품을 만들 수가 있습니다. 여기서 여러분이 확인할 게 있습니다. 먼저 이야기를 전달할 매체를 가지고 있느냐, 아니냐의 문제입니다. 여기서 매체라고 하는 것은 뉴스레터 또는 카탈로그를 말합니다. 이미 많은 회원이 뉴스레터를 발행하고 있지만, 여러분의 상품을 알릴 때 이야기를 잘 활용하고 있는지, 아닌지는 확인해야 합니다.

상품을 말할 때의 전형적인 이야기는 상품 개발 배경에 있습니다. 그 이야기를 전달할 때는 '개발하게 된 동기(사명감)', '좌절', '살짝 성공한 사례', '포기할 정도의 좌절', 그리고 '예상 밖의 성공'이라는 패턴을 따라가야 합니다. 이는 세상의 모든 이야기의 공통분모이기도 합니다. 그만큼 강력한 패턴입니다. 한번 이 패턴에 빠져들면 독자는 집중해서 이야기에 빠져들게 됩니다.

매체를 대량으로 배포하는 방법

자, 이야기를 지었다면 이것을 대량으로 배포해야 합니다. 대량으로 배포하려면 고객이 많은 매체와 접촉해야 합니다. 포켓몬의 경우, 그 매체는 《코로코로 코믹》이었습니다. 판매 로열티를 준다는 조건으로 포켓몬을 적극적으로 알릴 수가 있었습니다.

그렇다면 여러분의 회사도 《코로코로 코믹》과 같은 협력자를 구하는 것이 가능할까요? 가능하기만 하다면 여러분이 가지고 있는 좋은 정보를 단번에 전달할 수 있습니다. 예전에 사회보험 노무사 한 분을 만나 뵌 적이 있었습니다. 그는 전국의 300명 가까이 되는 같은 업계 사회보험 노무사와 교류를 이어가고 있었습니다. 그는 중소기업을 위해 조성 기금, 보조금에 관련된 정보를 발행하고 있었습니다. 그렇다고 자기 회사의 광고비용을 쓰고 있는 것도 아니었습니다. 고객 획득을 고민하는 신용보증재단이나 보험회사 영업맨의 판촉 도구로 대량으로 얹어서 하고 있기 때문이었습니다.

거기에 덧붙여 자기 회사에서 만든 팸플릿을 유료로 구입하게 해서 유통하고 있었습니다. 이런 방식으로 협력자를 찾을 때는 상대의 고민을 해결해주는 방법으로 여러분의 매체를 이용해보는 것도 좋습니다.

상품은 승부와 수집을 원칙으로 한다

이 내용은 캐릭터 비즈니스의 세상에서는 정석인 전략입니다. 포켓몬에도, 유희왕에도 카드가 있어서 그 카드로 아이들은 승부를 겁니다. 승부에서 이긴 쪽이 카드를 교환, 수집할 수 있습니다. 이러한 과정이 바로 입소문의 원천이 됩니다. 베이블레이드의 경우도 마찬가지입니다. 승부를 하고 팽이를 교환합니다. 이유는 알 수 없지만, 승부와 수집을 반복하는 패턴은 시장에서 유행이 되기 쉽다는 것을 알게 됐습니다.

생각해보면 실천회에서도 이런 방식을 이미 활용해왔습니다. 사장님들의 아카데미상이라고 불리는 '승부'가 있는데 거기에 100만 달러[39]를 '수집'합니다. 사장님 아카데미상은 제 예상보다 훨씬 히트를 쳤습니

---

39) 100만 달러 : 실천회에서 사례를 보여준 사람에게 제공하는 가짜 지폐입니다(웃자고 만든 상품). 사례의 성과에 따라 금액이 정해집니다.

다. 이런 것을 보면 '승부'와 '수집'의 원칙은 어린이들에게만 통용되는 것이 아니라 어른에게도 통한다는 것을 알 수 있습니다.

오키나와에 있는 포장마차 라면 가게에서는 스탬프 카드에 도장을 찍어 모으면 '라면 1급사' 자격을 줍니다. 더 도장을 찍어 모으면 다음 단계의 계급으로 승격시켜줍니다. 계급이 올라갈 때마다 고객의 이름이 그려진 특제 돈부리가 제공됩니다. 그러면 고객은 돈부리에 가족 전체의 이름을 수집하기 위해 스탬프 모으기에 혈안이 됩니다.

자, 어떻습니까? 여러분의 비즈니스에서는 어떤 '승부'가 있고, 어떤 '수집' 아이템이 있는지 생각해보셨나요?

승부 이벤트를 개최한다

요즘 시대는 확실히 쌍방향으로 진행되고 있습니다. 옛날에는 만화는 읽는 것에 지나지 않았죠. TV는 그냥 눈으로 보는 것이었습니다. 그런데 요즘은 TV 애니메이션이 있으면 게임이 있고, 게임을 이용하는 자신이 주인공이 되어서 그 이야기에 참여할 수가 있습니다. 게다가 전국적으로 포켓몬 대회, 베이블레이드 경진대회 같은 것이 열립니다. 이 승부 이벤트가 캐릭터 비즈니스에서는 필수적인 행사가 됐습니다.

베이블레이드 교환권을 얻을 때는 '콘테스트 참가용'과 '베이블레이드 구입용', 이 두 가지 교환권이 있었습니다. 구입만 하려고 했던 사람은 콘테스트 참가 정보를 봤기 때문에 거기에도 흥미를 두게 됩니다. 왠지 콘테스트에 참가하는 것이 더 위대하게 느껴진다고나 할까요? 즉, 콘

테스트에 참가하고 싶다는 욕망이 이글거리게 되는 것입니다.

이런 이벤트에서는 순위에 차별을 두어서 고객을 유인하는 것이 중요합니다. '블루도어', '레드도어'라는 테크닉이 있습니다. 이는 네트워크 판매의 기술인데 간단히 설명드리면, 설명회를 여는 장소가 하나 있다고 가정해봅시다. 큰 회의실을 2개의 방을 나눕니다. 나눌 때 아코디언 모양의 커튼을 칩니다. 그렇게 하는 이유는 옆의 소리가 잘 들리게 하기 위함입니다.

설명회에 참석한 사람은 먼저 블루 방에 들어가 설명을 듣습니다. 그리고 설명이 끝나면 다음과 같은 안내를 받습니다. "자, 멤버 등록을 하려는 사람은 옆 방으로 이동해주세요." 옆 방으로 이동하면 보다 구체적으로 비즈니스에 관해 설명을 듣습니다.

멤버를 환영하는 인사와 웃는 소리로 현장의 분위기는 고조됩니다. 그러면 멤버 등록을 고려하지 않았던 사람도 단순하게 옆 방으로 자기도 이동해보고 싶다는 욕구에 사로잡혀 멤버 등록을 하게 됩니다.

여기서 포인트는 고객을 차별한다는 점입니다. 그것을 누구라도 알 수 있게 적나라하게 차별해 다른 서비스를 제공합니다. 배지의 색을 바꾸거나 명찰의 색을 바꿔버립니다. 들어가는 문의 색을 다르게 설정합니다. 이벤트를 할 때 약간의 차별성만 줘도 사람들은 다음 단계로 향하고 싶다는 욕구가 생깁니다.

지금까지 캐릭터 비즈니스의 핵심에 대해 설명드렸습니다. 이들 핵심 요소들은 지금부터 성장하기 위한 기업이라면 누구나 중요하게 여겨야 할 항목들입니다. 제가 늘 강조하고 있는 것은 비즈니스의 콘텐츠화(정보)입니다. 수많은 사람이 지향하는 바는 결국 같습니다. 공감할 수 있는 정보를 소개하는 커뮤니티 만들기입니다. '어떻게 자신의 비즈니스를 콘텐츠화해야 하나?'라고 고민하는 회원들에게 제가 드릴 수 있는 답은 간단합니다.

지금 말씀드린 것들을 실천하면 자연적으로 비즈니스는 콘텐츠화되어 버립니다. 즉, 정보를 발신하고 있다면 결과적으로 비즈니스가 콘텐츠화됩니다. 이는 현시점에서 가장 확률이 높은 성공 모델입니다.

계약률이 높은
설명회 구축법

지금부터는 **계약률이 높은 설명회**[40] **구축법**에 대해서 설명드리겠습니다. 저는 계약률을 높이기 위한 설명회 구축법으로 다음과 같은 단계를 밟아나가고 있습니다.

스텝 1

'이 설명회를 끝까지 들어야만 하는 장점'에 대해 표현합니다. '이 설명회가 끝나면 여러분은 ○○이 가능해지는 상태가 된다'라는 것을 처음부터 알려줍니다. 그러면서 '설명회를 끝까지 듣지 않으면 손해'라는 인식을 심어줍니다.

스텝 2

'붙잡기' 위해 설명회를 이끄는 사람은 철저하게 성공 사례를 설명합

---

40) 설명회 : 보통의 '상품 설명회'에 국한된 것이 아니라 학원, 회원 조직 등 서비스 설명회의 모객이 비즈니스의 승패를 가르는 업종은 수도 없이 많습니다.

니다. '이런 성공을 하고 있다'라는 이미지를 심어줍니다.

스텝 3
판매하고 싶은 구체적인 상품, 서비스를 설명합니다.

스텝 4
'미션'을 이야기합니다. '내가 왜 이 사업에 뛰어들었는지'에 대해 과거의 실패 경험, 고생한 경험, 어릴 적 체험 등을 이야기합니다. 마음속 깊은 곳에서, 순수한 마음으로 이야기합니다. 연기할 필요는 없습니다. 자기 모습 그대로 보여주는 것이 중요합니다.

스텝 5
'긴급성'을 강조합니다. '전원이 가입할 수 없음'을 여기서 설명합니다. '미션에 공감하는 사람만 참가해도 좋다'라는 것을 강조합니다.

스텝 6
상대가 취했으면 하는 '구체적인 행동'을 설명합니다. 그때는 나중에 결정하는 것이 아닌, '반만 등록해도 좋으니 지금 이 자리에서 주소, 이름을 기입할 것'을 요청합니다. 아주 작은 시도도 좋으니 먼저 '첫걸음'을 밟게 하는 것이 중요합니다.

이런 방식이 설명회를 성공시키는 비결입니다. 참고가 더 될지는 모르겠지만 제가 컨설팅 파트너를 채용했을 때는 계약률 100%입니다.

같은 단계에서 참가금 299~300만 엔을 내야 하는 프랜차이즈 비즈니스를 했을 때는 계약 성사율이 80% 정도였습니다. 생각해보면 이 설명회의 방법론도 실은 'PASONA 법칙'[41]의 응용 편이네요. 결국 인간의 행동을 일으키는 데에는 비슷한 방법이 통용되는가 봅니다.

---

41) PASONA 법칙 : 세일즈 메일, 전단 등의 광고 문구를 적을 때의 기술입니다. 제5장에서 더 자세히 설명하겠습니다.

불변의 마케팅

당신의 팬을
만드는 방법

왜 나는 한순간에 나카타니 아키히로 씨의 팬이 됐을까?

일류화 기업실천 오디오 세미나[42]에 그 유명한 나카타니 아키히로(中谷彰宏) 씨가 등장해주기로 되어 있었습니다. 서점에 가면 그의 책들이 넘쳐나고 있는데, 비즈니스에 관련된 책 말고도 그가 쓴 소설, 그림책도 있습니다. 그는 사회현상에 대해 주로 평론하며 TV 출연도 하고 있죠. 연극도 한다고 하니 참으로 대단한 사람이 아닐 수 없습니다.

이번 세미나에서 저는 그와 일면식도 하나 없는데도 그에게 연락을 취했습니다. 저의 조수가 그를 보좌했기 때문에 이야기를 나눌 기회는 없었습니다. 그런데도 저는 완전히 그의 팬이 되어버리고 말았습니다. 한순간에 말이죠.

도대체 어떻게 했길래 한순간에 팬을 만들 수 있었을까요? 여러분의

---

42) 일류화 기업실천 오디오 세미나 : 간다 마사노리가 매달 발행하고 있는 오디오 세미나 CD입니다.

비즈니스에서도 고객을 한순간에 여러분 회사의 팬으로 만들고 싶지 않으십니까? 나카타니 씨가 저를 한순간에 팬으로 만들어버린 계기는 바로 이것입니다. 그에게 연락을 취한 지 3일 후에 다음과 같은 것들이 저에게 전달됐습니다.

- 손 편지로 쓴 엽서에 "오래전부터 뵙고 싶었습니다"라고 쓰여 있었습니다.
- 수건 2장
- 그가 쓴 삽화집 《만나는 사람 모두가 하느님》
- 덧붙여 그가 쓴 한 권의 책 《어른의 호텔》
- 이 모두가 전부 리본으로 포장되어 있음.

그는 대단한 비즈니스맨입니다. 그런 그가 손 글씨로 편지를 써왔다고요? 저는 그 간극에 압도당했습니다.

사실 그 '간극 체험'을 저만 한 게 아닙니다. 저의 친구가 나카타니 씨의 책에 대해 취재를 한 적이 있었습니다. 그때도 직접 나카타니 씨가 약속을 잡았습니다. 연락을 취했는데 그에게서 기분 좋은 답장을 받았던 모양입니다. 게다가 받았던 팩스도 전부 손 글씨로 작성한 것이었습니다. 그런데 이러한 손 글씨 엽서 또는 팩스, 그리고 그가 건넨 선물들이 효과를 거둔 것은 나카타니 씨가 순전히 '브랜드'이기 때문입니다. 하지만 분명히 배울 점이 많았습니다. 그 배울 점 다섯 가지를 추려서 말씀드려보겠습니다.

1. 스피드

역시나 '스피드' 시리즈[43]로 비즈니스 서적을 내고 있어서인지 나카타니 씨의 스피드는 정말로 빠릅니다. 스피드를 중요시하는 자세, 그리고 이를 실천하는 에너지는 실로 놀라웠습니다. 그가 실천하고 있는 스피드를 우리도 실천하기 위해서는 새로운 사람과 접촉할 때 무엇을 할 것인지를 미리 결정해둘 필요가 있습니다. 여러분은 새로운 사람과 만날 때 무엇을 할 것인지 결정해서 만나고 있습니까?

2. 못 쓰는 글씨여도 괜찮으니까 손 편지로 연락한다

엽서의 글씨를 보면 나카타니 씨의 글씨는 썩 잘 쓴 글씨가 아닙니다(그런데 삽화집을 보면 글씨를 꽤 잘 씁니다). 하지만 여기서 중요한 것은 글씨를 잘 쓰느냐, 못 쓰느냐가 아닙니다. 바로 손 글씨라는 점이 중요합니다. 그리고 편지를 받는 대상자에 관련된 문구가 들어 있느냐, 아니냐입니다.

3. 기대하게 하지 않는다

나카타니 씨가 한순간에 팬을 만들 수 있는 것은 그가 유명한 사람이기 때문이 아닙니다. 모르는 타인을 마치 친구처럼 대하고 있기 때문입니다(그는 만난 사람은 모두 하느님이라고 말하고 있습니다). 그를 만나는 사람들은 유명한 사람에게 그 정도까지 요구하지는 않습니다. 즉, 여러분이 할 수 있는 것은 상대로 하여금 크게 기대하지 않게 만드는 것입니다. 그러고 나서 그 기대를 뛰어넘는 대응을 하면 효과적입니다.

---

43) '스피드' 시리즈 : 다이아몬드 출판사에서 발행한 나카타니 아키히로 씨의 책으로 《스피드 인맥술》, 《어른의 스피드 공부법》 등, '스피드'를 주제로 한 시리즈가 있습니다.

4. 의외의 면을 보여주다

그는 삽화집을 펴내고 있습니다. 제가 느낀 점은 '이 사람은 얽매이지 않는구나'였습니다. 그가 일류라고 인정받고 있는 분야 말고도 또 다른 새로운 분야에서 계속 결과물을 보여주고 있습니다. 그렇게 하면 그를 대하는 세상의 평가가 한순간에 올라가게 됩니다. 비토 다케시(ビートた けし)[44]가 영화감독을 합니다. 카타오카 츠루타로(片岡鶴太郎)가 화가가 됩니다. 같은 이치입니다. 그 순간에 주변 사람들은 여러분을 다른 레벨로 쳐다볼 것입니다.

5. 겸허한 면과 오만한 면의 융합

오만한 것을 세상은 부정적으로 봅니다. 하지만 자기 분야에서는 어느 정도 오만할 필요가 있습니다. 그러다가 자기 분야에서 나와 일상으로 돌아갈 때는 겸허한 태도를 취합니다. 그 간극을 보고 주변 사람들은 경탄하게 됩니다. 세계적으로 유명한 소프라노 제시 노먼(Jessye Norman)은 뉴욕의 메트로폴리탄 극장에서 연주를 끝내고 집으로 돌아올 때 흔한 택시에 몸을 싣습니다. 그것도 직접 손을 흔들어 지나가는 택시를 잡습니다. 이 에피소드는 영원히 사람들의 입에 오르내립니다.

자, 이상으로 브랜드이기 때문에 하나하나의 행동이 효과를 불러일으킨다는 사실을 알 수 있었습니다. 하지만 실천회의 방법론은 여러분과 여러분의 비즈니스를 브랜드로 만드는 방법입니다. 나카타니 씨의 태도를 어떻게 활용할 것인지 여러분도 실천해보시길 바랍니다.

---

44) 비토 다케시 : 일본의 유명한 코미디언이자 영화감독입니다. - 역자 주.

불변의 마케팅

'팬 = 단골고객 만들기'로 고수익 비즈니스로 전환

주점을 운영하는 회원으로부터 다음의 질문을 받았기에 답장을 보냈습니다.

질문 : "상품의 매상 총이익을 올리는 방법이 궁금합니다. 현재 팔고 있는 상품의 이익이 적기 때문에(할인하지 않아도 되는 토속주 2~2할 5푼, 와인은 3할, 맥주는 최악으로 1할 정도입니다. 그런데도 비싸다고 말합니다) 뉴스레터 발행으로 조금의 효과가 생겨도 크게 이익으로 연결되지 않습니다.

지금은 마음을 고쳐먹고 고객의 수를 늘리는 방법을 생각하면서 (비용 대비 효과는 감안하지 않고) 열심히 노력하고 있습니다. 이익의 폭이 작은 상품 (3~5할 얻을 수 있는 상품), 끈, 인스턴트 카레 같은 것을 팔기 시작했습니다.

하지만 그러한 노력에도 불구하고 아직 크게 매상이 오르고 있지 않습니다. 저와 같은 고민을 하는 회원들이 많을 거라고 생각하는데요.

고수익을 가져다줄 수 있는 상품의 구성, 만드는 법(원청업체의 사고방식) 같은 것이 확 머릿속에 떠오르지 않습니다."

뉴스레터를 발행하게 되면 어떤 일들이 일어나게 될까요? 먼저 고객이 여러분을 대하는 태도에서 애정이 생기게 됩니다. 아무리 이상한 사람이 이상한 뉴스레터를 쓴다고 해도 그에 대해 호의적으로 반응하는 사람은 생기기 마련입니다. 따라서 뉴스레터는 잘 쓰는 게 중요한 게 아니라 발행하는 것이 중요합니다.

질문에 대한 직접적인 대답은 아니지만, 좀 재미있는 일이기 때문에 왜 뉴스레터를 발행해야 하는지에 관해 좀 귀찮은 이야기를 하겠습니다.

정보를 발신하면 자신의 수준에 맞는 손님들이 모여듭니다. 그렇게 모여든 고객들은 이쪽이 소개하는 물건을 구입하고서는 '아, 이것을 사길 잘했다'라는 생각이 들면, 이쪽이 소개하는 물건이라면 그 어느 것이든 사겠다고 하는 단골이 됩니다. 이러한 고객의 비율은 고객 리스트 중에서 5~10% 내에서 존재합니다.

이러한 고객층을 영어로 'Hyperresponsive'라고 말합니다. 일본말로 표현하면 **'단골'**이죠. 안정적인 경영을 위해서 이 단골의 비율을 되도록 10%까지 끌어올려야 합니다. 이 단골의 수와 상품의 구성이 여러분의 비즈니스가 벌어들이는 돈의 양을 결정합니다.

단골은 재미있는 행동 양식을 보입니다. 조금 오해하실 수도 있겠지만 상당히 좋은 사례이기 때문에 실천회의 한 사례를 여러분께 소개해 드릴까 합니다. 저의 세미나는 한순간에 만석이 되는 경우가 많습니다. 그리고 제가 말하는 정보는 내용도 보지 않고 구매하는 사람이 많습니다. 매달 제가 발행하는 뉴스레터를 전달받으면 본문을 읽기도 전에 '뭔가 광고가 있지 않을까?' 하고 상품을 찾아 광고를 발견하게 되면, 내용이나 금액도 따지지 않고 바로 주소와 이름을 기입해 주문하는 이런 회원이 꽤 상당히 있습니다. 왜냐하면 제가 그런 행동을 하도록 훈련을 해왔기 때문입니다.

얼마 전, 어떤 회원제 클럽을 개시한 친구와 대화를 나누던 중에 그녀가 다음과 같이 말했습니다.

친구 : "근데 말이야. DM을 처음 보내봤거든. 그랬더니 예전에 알고

있던 클라이언트의 반응이 느린 거야. 그런데 간다 마사노리 씨가 알고 있는 관계자(실천회 회원들)는 확실히 반응이 빠르더라고. 편지를 쓰기도 전에 벌써 답장이 온단 말이지. 나는 전에 알고 지낸 클라이언트들에게 괜히 화가 나더라? 당신들이 늦은 거니까 이제 자리가 없다고 말했어."

나 : "그거야 그렇지. 우리 회원들은 금방 반응하도록 훈련이 되어 있거든."

이 대화를 보고 누군가는 이렇게 생각하실 수도 있습니다. '그랬군! 간다 마사노리는 우리를 훈련시키고 있었던 거였군! 우리를 그렇고 그런 존재로 생각하고 있었단 말이지! 지독한 사람이로군!' 실제로 저를 싫어하면서 탈퇴한 회원들도 더러 있습니다. 저를 어떻게 생각하시든 그것은 여러분의 자유지만, 질문을 주신 회원이 공부를 해주셨으면 하는 내용은 '고객은 훈련하는 대상이다'라는 사고방식입니다.

고사카 유지 선생님은 이 내용을 '마스터'[45]라고 지칭하고 있습니다. 그러니까 점주가 마스터이고, 고객은 제자라는 사고방식입니다. 마스터가 된 여러분은 제자인 고객에게 새로운 세계를 선보일 수 있습니다. 새로운 세계를 경험한 고객은 그 대가로 돈을 지불합니다. 이것이 바로 상품 판매의 본질입니다.

---

45) 마스터 : '스승'이라는 의미입니다. 다방이나 술집의 마스터와는 그 쓰임새가 다릅니다.

새우깡 법칙

그렇다면 어떻게 해야 여러분의 상품에 고객이 자동으로 반응하게 될까요? 상대가 기대하고 있는 것 이상의 상품 가치를 세 번에 걸쳐서 제공하면 됩니다. 기대 이상의 상품 가치가 세 번 연속해서 이어지면 고객은 자동으로 반응하게 됩니다.

세 번 정도 거치면 아무리 냉정한 고객이라 할지라도 제공받은 상품을 믿게 되면서 상품을 파는 판매자에 대해서도 신뢰하게 됩니다. '안 할 수가 없다', '멈출 수가 없다', 고객이 이런 마음이 드는 것을 저는 **'새우깡 법칙'**이라고 부릅니다.

새우깡 법칙의 메커니즘은 단순합니다. 예외는 없습니다. 예를 들어 사기꾼이 보통의 저렴한 안약을 다른 용기에 넣어서 바꿔치기했다고 가정해봅시다. "이 안약은 눈이 좋아지는 신약입니다"라고 거짓말을 해서 안약 하나를 2만 엔으로 판다고 해도 광고를 본 2~3%의 사람은 사고야 맙니다. 거기에 한술 더 떠서 사기꾼이 "좀 비싸지만, 훨씬 더 좋은 효과를 볼 수 있는 안약이 있습니다"라고 하면서 더 비싼 상품을 판매한다고 해도 그 물건이 꽤 팔리는 것이 현실입니다.

특별한 효과가 없는 상품이라 할지라도 일정 비율의 고객은 돈을 지불했다는 사실 하나만으로 자기 행동과 결정을 정당화합니다. 구매한 자기 행동을 정당화해야 하므로 어떤 형편없는 상품이라 할지라도 '좋은 상품'이라고 생각해버리고 마는 것입니다.

이런 심리적인 메커니즘이 있어서 종교단체가 비싼 항아리나 병풍을 팔 수 있는 것입니다. 이렇듯 상품을 판매한다는 것은 단순한 메커니즘을 가지고 있어서 사기성이 짙은 안약도 잘만 하면 폭발적으로 돈을 벌 수 있습니다.

어떤가요? 두렵지 않으신가요? 무섭지 않으신가요? 이렇게 돈을 벌어서 그것이 자신의 실력이라고 착각하면 안 됩니다.

실천! 소매점이
비즈니스를 진화시키는 법

고객들은 '돈 받아줄 사람'을 찾고 있다

회원이 질문한 이야기로 다시 돌아가면, 현재 그 회원은 뉴스레터를 발행하는 것에 대해 상당한 영향력을 행사하고 있습니다. '○○씨가 말하는 것이라면 확실한 것이겠지'라고 고객들이 자동으로 반응하고 있다는 뜻입니다. 고객들이 스스로 나서서 그 주점에서 팔고 있는 상품을 찾고 있습니다. 그런데 그 주점은 제공하지 않습니다. 제공하지 않기 때문에 돈을 벌 수 없습니다.

반대로 말하면, 해결책은 간단합니다. 이미 고객은 그 주점을 신뢰하고 있으므로 단가가 높은 상품, 이익이 높은 상품을 구성해서 준비하면 '돈을 벌기 어렵다'라는 문제는 쉽게 해결될 수 있습니다.

실천회에서 제법 유명한 건어물 가게 '지지야'의 아키타케(秋武) 씨도 비슷한 문제를 안고 있었습니다. 아키타케 씨는 굉장한 재능을 가진 사람으로, 감성적인 측면에서도 이 사람을 이길 수 있는 사람은 별로 없습니다. 고객들도 지지야의 팬으로, "지지야의 건어물 이외의 것은 생선이 아니다"라고 생각할 정도로 그의 상품을 높이 인정하고 있습니다. 하지만 상품의 단가가 낮아서 돈이 잘 벌리지 않는 게 문제입니다.

저는 그 문제를 듣고 "빨리 가격이 높은 상품을 판매하세요"라고 해결책을 제시했지만, 아키타케 씨는 한 봉지에 수백 엔밖에 안 하는 멸치 전병 같은 것을 팔고 있습니다(이제 와서 하는 이야기지만, 아키타케 씨는 뒤늦게 주변의 조언을 듣고 연말에는 복어회, 복어전골을 판다고 합니다). 이는 아까 말씀드린 주점이 "맥주의 이익이 적기 때문에 인스턴트 카레를 팔 생각을 하고 있다"라는 것과 맥락이 같습니다.

극단적인 이야기지만, 단골이 된 고객은 판매하는 사람이 좋다고 하면 주택이라도 당장 구입할 수 있습니다. 인스턴트 카레를 파는 것은 이익이 불과 수천 엔이지만, 주택을 판매한다면 그 이익은 수백만 엔이 될 수 있습니다(중개수수료로도 수십만 엔은 벌 수 있을 것입니다).

그런데 왜 싼 물건을 파는 사람은 계속 싼 물건만 팔게 되는 것일까요? 일반적으로 판매자가 젊은 시절에 판매한 상품의 가격대가 시간이 지나 일을 바꿔도 계속 그 상태에 머물러 있는 것입니다. 즉, 보석을 팔았던 경험이 있는 사람은 비싼 물건을 파는 데에 저항감이 없습니다. 하지만 반대로 잡화 같은 물건은 자잘해서 팔 생각을 못 합니다. 잡화를 팔았던 사람은 고가의 상품을 파는 것이 영 어색해서 팔 마음이 도통 생기지 않습니다.

저는 예전에 가격이 1만 엔대의 전자레인지를 팔았던 경험이 있습니다. 냉장고의 가격대는 10만 엔이었죠. 고급 기종인 경우 가격이 무려 24만 엔이었습니다. 그랬더니 지금 현재 컨설턴트를 하고 있어도 비슷한 가격대가 계속 따라붙습니다. 그 밖의 가격대를 고려한다고 하면 상당한 저항감에 빠지게 됩니다.

저의 경우, 그 정도의 가격대면 충분하므로 그 이상의 가격은 귀찮게 느껴집니다. 하지만 주점이나 건어물 가게의 경우는 높은 수익률, 수익금을 보장해주는 상품 구성을 해놓지 않으면 비즈니스가 불안정해집니다.

판매하고 있는 상품의 가격대가 바뀌지 않고 있다는 것은 많은 경우, 셀프 이미지의 문제입니다. '이런 이익을 취한다면 사기 아닌가?', '이렇게 비싼 돈을 고객에게 받는다면 민폐야'라고 생각하고 있지는 않으신가요? '비싸게 파는 것, 그렇게 돈을 버는 것은 악덕 상술'이며, '자기는 좋은 물건을 싸게 판다. 정직하고, 성실한 상인이다'라는 이미지를 스스로 족쇄처럼 채우고 있는 것인지도 모릅니다.

하지만 고객은 '돈을 쓰게 하는 사람'을 찾고 있습니다. 그러므로 판매자는 고객으로부터 그 돈을 받으면 됩니다. 그에 맞는 가치를 제공하면 되는 것이니까요.

주점이 바뀌는 방법은?

지금까지 말씀드린 내용은 조금 어려운 이야기일 수 있습니다. 그렇다면 구체적으로 어떻게 행동해야 할까요? 질문한 회원의 주점이 취할 수 있는 방법을 몇 가지 소개해보겠습니다.

불변의 마케팅

① 음식과 관계된 성장산업과 연계한다

주점이라면 음식과 관계된 상품 재료로 전개하기 쉽습니다. 그중에서도 앞으로 성장할 분야와 손을 잡고 나아가면 좋습니다. 예를 들면, 반찬(중식), 상품 택배, 고급스러운 채소, 식재료 배송 등이 있습니다. 배송의 경우는 지금부터 정년퇴직을 앞둔 단카이 세대[46]를 타깃으로 시도하면 좋습니다.

도시락 시장도 상장할 만큼 인기가 높지만, 중식 분야도 성장세에 놓인 분야입니다. 점심을 배송된 반찬과 함께 즐길 수 있는 중식 문화를 고려해 배송을 구성해본다면, 충분히 성장할 수 있는 사업 아이템이 될 수 있습니다.

주점은 예전부터 간장이나 된장을 배달한 이미지가 있어서 오히려 배송하는 데 유리합니다. 최근 뚝심 있는 된장의 방문판매 영업이 다시 활개 치고 있습니다. 가정집 현관 앞에서 된장을 선보이고, 고객이 이를 마음에 들어 하면 정기적인 택배 배송으로 유도하는 영업법입니다. 이 백엔드 상품은 건강식품으로 이어집니다. 이런 비슷한 영업방식을 주점도 충분히 시도할 수 있습니다.

② 자연식품·건강 관련 상품을 판매한다. 단가 5,000엔 정도에서 시작해 점점 비싼 물건을 팔기 시작한다

인스턴트 카레를 파는 것보다는 차라리 자연식품, 건강 관련 상품을 파는 것이 더 효과적입니다. 내가 먼저 써보고 정말 괜찮다고 판단하면

---

46) 단카이 세대 : 제2차 세계대전이 끝난 후인 1947년에서 1949년 사이에 태어난 일본의 베이비 붐 세대를 뜻하는 말입니다. - 편집자 주.

그 물건을 판매해보는 것입니다. 그러려면 앞서 말씀드렸다시피 고객을 훈련해나가야 할 필요가 있습니다. 만약 지금까지 수만 엔에 불과한 맥주를 팔고 있던 회사가 갑자기 30만 엔이 넘는 원적외선 사우나를 팔기 시작하면 기존의 고객들은 이탈할 수밖에 없습니다.

한편, 네트워크 상품에 손을 뻗는 회사도 있는데, 저는 별로 추천하고 싶지는 않습니다. 왜냐하면 네트워크 상품을 취급하고 있는 것만으로 '저 회사는 멀티를 하고 있구나'라는 인식을 고객이 은연중에 하게 됩니다. 그러면 고객이 이탈할 수 있습니다. 게다가 네트워크 상품은 건강식품 외의 상품은 마진율이 낮은 편입니다. 같은 건강식품이라면 굳이 네트워크 상품을 선택할 필요가 있을까 하는 것이 저의 의견입니다.

주점이라면 건강에 좋은 물이나 자연식품을 들여와 건강식품을 파는 것이 좋습니다. 건강식품이나 화장품은 한 번의 소비단가가 가볍게 1만 엔을 넘습니다. 확실하게 마케팅만 하고 있다면 재구매율도 높습니다. 게다가 상품을 계속 쓸 수밖에 없는 영속성이 있는 상품들입니다. 영세기업 입장에서는 확실한 돈을 벌어들일 수 있는 상당히 좋은 상품 구성들입니다.

③ 정보집약형 비즈니스에 참가한다

뉴스레터를 계속 쓰다 보면 그 뉴스레터를 전국에 있는 주류 판매점에 판매할 가능성이 생기게 됩니다. 또한, 술에 대한 정보를 알리다 보면 그것이 생각지도 않게 상품 판매 거리가 되는 경우도 있습니다.

한 가지 예를 들어볼까요? 회원이 하는 와인 전문점에서 팔고 있는 와인에는 전부 '와인의 한마디 메모'라고 부착되어 있습니다. 그 메모를 본 고객이 와인을 마시면 어떻게 될까요? 와인의 의미를 모르는 사람도 괜히 와인이 맛있다고 느낄 수 있습니다. 그렇게 되면 와인의 재구매율도 올라가게 되겠죠.

그 한마디 메모가 수백 장 있다는 것은 상당한 노하우가 됩니다. 그 활용 성공 사례 보고서를 회원제로 해서 다른 주류 판매점에 판다면, 꽤 괜찮은 수익을 내는 비즈니스가 될 수 있습니다. 문장을 쓰기 시작했을 뿐인데, 정보집약형 기업으로 진일보하게 되는 겁니다.

여러 방법이 있으므로 상품을 판매하는 일은 정말로 즐거운 일입니다. 뭔가 탁 하고 느낌이 온다면 바로 시도해보시길 바랍니다. 시험해보는 것에 실패는 없습니다.

같은 업종의 타사와 큰 차이점을 둔 실천 보고

신규 사업을 낼 때 라이벌 회사와 크게 격차를 벌릴 방법이 있습니다. 어떤 학원이 보고한 내용인데, 동종 학원에 비교해서 1년 늦게 학원 사업을 시작했어도 2배의 학생 수를 확보할 방법입니다. 우선은 학원이 제출한 보고서를 먼저 읽어보시길 바랍니다.

첫 번째 포인트는 **'고객을 구매한다'**라는 발상입니다. 스스로한테 다음의 질문을 해보세요. 고객을 무료로 구매할 수 있다면 대체 몇 명을 원하는 것인지를 말이죠. 당연한 대답이겠지만 "많을수록 좋다"입니다. 하지만 많은 회사는 이를 이해하지 못합니다. 첫 거래에서 이익을 얻지 않으면 납득하지 않습니다. 이 지점이 바로 성장하지 못하는 회사와 성공하는 회사의 갈림길입니다.

이 학원은 신규 입점했을 시 '모니터 학생은 반값 등록금 혜택을 준다'라는 특전을 제시했습니다. 이 특전에 대해 사원들은 맹렬하게 반대했습니다. 왜냐하면 도통 이익이 되지 않는 대책이었기 때문입니다.

그런데 다이렉트 리스폰스 마케팅 원칙에 따르면 이익이 0원이어도 큰 문제는 없습니다. 모여든 학생들로 인해 새로운 학생들의 유입이 쉬워지면 그것으로 됐습니다. 친구 소개도 받을 수 있습니다. 심지어 형제 등록도 가능하겠죠. 이런 단순한 계산이 사원들의 머리로는 되지 않습니다.

이는 바로 '고객을 구매한다'라는 발상입니다. <u>실천회 회원 중에서도 과거 1~2년 사이에 규모가 성장한 회사는 거의 대부분이라고 해도 과언이 아닐 정도로 이 발상을 활용하고 있습니다.</u> 《입소문 전염병》에서 제가 말한 것처럼, 이런 방식으로 고객을 비교적 저렴한 가격으로 구매할 수 있는 시기는 언제까지나 지속되지는 않습니다. 행운의 문이 열리는 것은 단 한순간일 뿐입니다. 그러므로 돈을 벌 수 있는 구조가 보이면 바로 단번에 시도해야 합니다.

두 번째 포인트는 **'소개의 촉진'**입니다. 일반적으로 업계에서는 '학원은 소개받기 어렵다'라는 말을 듣습니다. 왜냐하면 '좋은 학원을 친구에게 소개하면 자신의 라이벌이 괜히 늘어난다'라는 인식 때문입니다. 이 이론이 들어맞는다면 모든 업계는 소개받기 어렵다고 봐도 무방합니다.

어느 학원의 실천

① **1개월 무료 체험 학습**

② **성적 보증 제도**
- 3개월 이내 성적 향상이 보이지 않는 경우 수업료 전액 반납
※ 대상 등록자 약 50명 중 반납 요구 1명(단, 지금도 다니는 중)

③ **컬러 전단 폐지**
- 메시지 색상이 강한 한 가지 색상의 자체 제작 전단으로 변경
※ 경비가 약 6분의 1로 줄어듦. 반응은 여러 조건이 있어 비교하기 어렵지만, 체감하기로는 3배 이상 차이가 남. 그때까지는 전단을 보고 찾아오는 학생은 기대하지 않고 인사 대용으로 생각하고 있었는데, 직접 만든 후부터는 전단을 보고 찾아오는 학생이 꽤 있습니다.

④ **21일간 감동 프로그램[47]**
- 손 글씨 감사 편지, 등록 기념품, TEL 방문

⑤ **뉴스레터 발행**

⑥ **카탈로그 작성**

⑦ **판촉 용품 작성**
- 여름 = 부채(단가 150엔), 겨울 = 학원생 사진 첨부 오리지널 달력(단가 약 100엔), 합격 지우개(단가 40엔)
※ 부채는 학원생이 학교에 가져가 큰 호평을 받고 있습니다.

⑧ **교실 미화 철저**
- 청소, 그림 꾸미기, 관엽식물 설치, 수업 풍경 사진 게시, 모집 배너

---

47) 21일간 감동 프로그램 : 고객 유출을 방지해, 재구매 고객을 늘리기 위한 테크닉입니다. '상품 구입 후 21일이라는 기간에 세 번 이상 고객을 접촉(전화, 손 편지 등으로)하면 상대가 판매자를 향해 로열티(애착)를 가지게 된다'라는 것입니다.

피부 관리숍이라면 손님은 이렇게 생각할 것입니다. '내가 이뻐진 이유가 피부관리를 받아서일 거라고 알리고 싶지 않아.' 레스토랑의 경우라면 어떨까요? '인기 많은 레스토랑이 되면 내가 예약하기 힘들어질지도 몰라. 그러니까 친구에게 알리고 싶지 않아'라고 생각할 수 있습니다. 실천회의 경우라면 이런 반응이 나올 수 있겠죠. '이 방법이 널리 퍼지면 라이벌이 늘어날 거야. 알려주지 말아야지' 이렇게요.

그런데 소개하기 어렵다고 생각하더라도 소개를 촉진하는 방법을 생각하다 보면 좋은 아이디어가 튀어나옵니다. 그 아이디어를 실천하면 실제로 소개율이 올라가는 것이 참으로 신기합니다. 최근 사례를 들어보겠습니다. 학생들의 명함을 만들어 학생들에게 나누어줍니다. 그리고 이번 보고에 쓰여 있는 것처럼 부채를 만들어 나누어줬더니 학생들이 학교에 가져가 자랑합니다.

많은 회사는 장치를 생각하고 소개 캠페인을 하면 소개받을 수 있다고 생각합니다. 하지만 그것은 최후에 할 수 있는 일입니다. 그전에 고객이 자발적으로 소개하고 싶은 토대를 만드는 것이 중요합니다.

그 토대라는 것은 **소개를 의뢰하는 말**입니다. 그 말을 많은 회사들이 까먹고 있습니다. 이 학원의 보고에서는 '등록 후 학원이 좋다고 생각되면 친구를 소개해주세요'라고 소개 글을 시의적절하게 활용하고 있으므로 소개 특전이 없어도 학생들이 알아서 소개하고 있습니다.

여기서 중요한 것은 이 소개 글의 타이밍입니다. 학원을 등록할 때 혼자 등록하는 것은 왠지 쓸쓸합니다. 그래서 친한 친구를 부르고 싶어집니다. 이 타이밍을 놓치면 소개 캠페인 효과가 떨어집니다. '친구를 소개해주세요. 소개한 분에게는 학원 수업료 중 반액을 다시 돌려드립니다'라는 특전을 주면, 소개받을 수 있다고 생각하는 것은 속단입니다. 그만큼 효과가 떨어집니다.

'고객의 소리'를 듣는 것에도 타이밍이 있습니다. 레스토랑의 경우, 고객의 배가 불렀을 때, 그러니까 디저트를 내놓는 타이밍의 경우가 배가 고플 때의 타이밍보다 고객이 설문지에 응할 확률이 높아집니다. 조금만 생각하면 당연한 말입니다.

여러분의 회사는 언제 어느 때가 소개 의뢰를 시도하는 이상적인 타이밍입니까? 할 수 있는 한 많은 생각을 해서 우선순위를 도출해봅시다.

여러분의 상품을 고객이 알아서 떠들고 싶어지는 타이밍은 언제일까요?
그 타이밍을 3개 작성해봅니다.

1. (   )
2. (   )
3. (   )

세 번째 포인트는 **'덧셈의 파워'**입니다. '어느 한 가지 일을 꾸준히 한다면, 언젠가는 고객이 모일 거야'라고 생각하는 것은 잘못입니다. 많은 회사는 "우리 상품은 훌륭하다. 게다가 싸기까지 하다"라고 계속 떠들면 고객이 모여들 것으로 생각합니다. 하지만 이런 생각은 **실패하는 지름길**입니다.

학원이 만드는 최근의 전단을 분석해보면, 압도적인 자신감을 표출해 마치 고급 세단처럼 홍보하는 것이 성공 패턴임을 알 수 있습니다.

즉, 압도적인 상품 우위성+고급 세단처럼 홍보하기=높은 고객 반응률이 되는 것입니다. 그렇다면 압도적인 상품 우위성+'제발 잘 부탁드립니다'=낮은 고객 반응률이 된다는 것도 알고 있어야 합니다. 간단한 덧셈인데 상당한 효과가 있습니다.

이렇게 방정식을 활용해 강력한 힘을 얻는 방법이 또 하나 있습니다. 수상한 표현+압도적인 증거=높은 고객 반응률이라는 공식입니다. 예를 들어서 책의 제목으로 《당신의 회사가 90일 안에 돈을 번다!》라고 하는 것은 의아한 제목처럼 여겨질 수 있습니다. 그런데 거기에 '성공 사례 120개의 회사'라는 압도적인 증거를 들이밀면 고객의 반응률은 크게 올라갑니다.

수상한 표현+압도적인 증거의 공식은 차가 두 바퀴로 움직이는 것과 같습니다. 한 바퀴만 잘 굴러간다고 해서 차가 움직이는 것은 아닙니다. 그런데도 대부분 회사는 임팩트 있는 표현에만 주력합니다. 그리고 증거를 찾는 데 소홀히 하다 보니 그야말로 그냥 '수상한 회사'가 되어버리고 마는 것입니다. 고객의 마음을 움직이려면 단 하나의 테크닉에만 골몰해서는 안 됩니다. 덧셈을 잘해서 결론을 도출하는 것이 중요합니다.

네 번째 포인트는 **'총력전 파워'**입니다. 앞서 보여드린 학원의 실천 항목을 다시 살펴보시길 바랍니다. 이 정도까지 고객획득 활동을 하는 것에 반해, 동종의 다른 학원은 깜짝 놀랄 만큼 별다른 행동을 하지 않고 있습니다. 고객을 획득하기는커녕, 별 의미 없는 사무적인 일들을 매일 반복하고 있습니다.

그렇다면 학원의 실천 항목처럼 대량의 실천을 하려면 어떻게 해야 할까요? 그 열쇠는 이렇습니다. 하나하나의 항목을 너무 완벽하게 하지 않는 것입니다. 모든 항목을 완벽하게 하려고 하면, 그 어느 것 하나도 제대로 완수하기가 어렵습니다. 극단적인 말이지만, '21일간 감동 프로그램'도, '뉴스레터'도 굳이 100점 만점을 받겠다는 마음으로 임하지 않아도 됩니다.

완벽할 수 없으므로 아무것도 시도하지 않는 것보다 우선은 무턱대고 시도해보는 것이 더 낫습니다. 이유는 간단합니다. 나는 뭐라도 하려고 움직이고 있지만, 라이벌은 아무것도 하지 않기 때문입니다. 그러니까 0점입니다. 뭐라도 시도한 여러분이 설사 100점 만점에 10점을 받는다고 해도 라이벌보다는 우수합니다. 즉, 행동한 사람이 어떻게든 이기게 되어 있습니다. 질보다는 양입니다. 실천량을 늘리면 어떻게든 성공하게 되어 있습니다.

06
클레임이 즐거워지는
마법의 말

전화 회선 중개 업무를 하는 회사, 파스미디어의 주토(主藤) 씨는 자신의 비즈니스를 2년 사이에 7배 정도 성장시킨 고성장, 고수익 기업의 오너입니다. 주토 씨는 '한마디의 말로 세상의 관점을 바꾸는 일'을 해내고 있습니다. 감정적으로 힘든 일을 처리하는 관점을 바꾸는 것인데, 고객에게서 걸려온 클레임 전화를 '**럭키 콜**'이라고 **바꾸어 불러서** 완전히 다른 것으로 만들었습니다.

안 좋은 감정은 직원의 동기 부여를 떨어뜨립니다. 경영에 치명적인 결과를 가져올 수도 있습니다. 그래서 주토 씨의 회사는 안 좋은 감정에 대해 예전부터 각별히 신경을 써왔습니다. 안 좋은 감정은 싫은 것이지만, <u>조직이 성장하는 데 있어서는 직접적인 원동력</u>이 됩니다. 문제가 없는 조직은 발전하기 어렵습니다. 문제가 없는 조직은 천천히 붕괴되기 시작합니다.

혼돈도 마찬가지 역할을 수행합니다. 질서가 너무 갖춰진 조직은 경직되기 마련입니다. 그러면서 슬슬 쇠퇴의 길로 접어듭니다. 그래서 일부러 의도적으로 혼돈을 조직에 불러일으키는 역할이 필요하게 됩니다.

이렇듯 문제도, 혼돈도 조직에서 상당히 중요한 역할을 수행합니다. 그런데 많은 사람이 '문제는 안 좋은 것', '클레임은 나쁜 것', 그리고 '혼돈은 죄'라는 인식을 하고 있습니다. 문제를 대하는 직원의 태도가 마이너스면 직원의 동기 부여도 떨어집니다.

한편, 문제 해결을 대하는 동기 부여가 너무 높으면, 그 직원은 원인에 개의치 않고 폭주해 팀워크를 망치게 됩니다. 따라서 클레임과 문제점을 해결하는 데 있어서 마이너스 평가를 플러스로 전환하는 부정적 사고의 전환이 필요하게 됩니다.

저는 부정적 사고의 전환을 위해 '크레이지 1%'라는 신조어를 만들었습니다. '크레이지 1%'란 약간 이상한, 비상식적인 대응을 하는 고객이 반드시 전 고객의 1% 정도 있다는 뜻입니다. 그런 고객은 고객 리스트에 들여놓아서는 안 됩니다. 그 1%의 고객이 나머지 99%의 고객에게 반드시 민폐를 끼치기 때문입니다. 우수한 우량 고객에게도 말이죠. 그 **비상식적인 고객은 '거절하는 것'**이 중요합니다.

하지만 그 크레이지한 1%의 의견에는 귀를 기울여야 합니다. 이 1%의 크레이지한 의견을 참고해 개선점을 찾으면, 나머지 99%의 만족도를 급속도로 끌어올릴 수 있기 때문입니다. 크레이지 1% 박스 같은 상자를 만들어 거기에 클레임을 넣을 수 있도록 합니다. 이 방법은 제가 사무소에서 했던 대응 방식입니다.

주토 씨가 개발한 '럭키 콜'은 이 크레이지 1%를 상회하는 대단히 멋진 아이디어입니다. '클레임'이라는 부정적인 인상을 주는 단어를 긍정

송신자 : 파스미디어 주토
수신처 : 간다 마사노리 님

저희 회사는 NTT의 전화 회선 중개 업무를 실시하고 있습니다만, 클레임이 하루 3~5건 정도 발생합니다. 내용은 대부분 "전화기 켜는 법을 모른다", "개통일이 됐는데 전화가 안 된다"라는 등 고객의 착각이나 설명서를 읽지 않음으로써 발생하는 경우가 대부분입니다. 물론, 그 외에 상품이나 서비스에 관한 클레임도 있습니다.

그런 상황에서 직원들은 어떻게든 클레임 전화에 대처해야 한다는 사실에 약간 질려 있었습니다. 그래서 10월부터 클레임을 '럭키 콜'이라고 부르게 됐습니다. 그렇게 부르게 된 의도는 클레임 처리가 우리 회사가 성장하기 위한 행운의 기회라고 생각했기 때문입니다.

- 중략 -

현재 간부가 된 사람도 모두 예전에 클레임 처리를 경험해왔으므로, 그때까지 전임자가 처리하던 것을 모두 돌아가며 처리하도록 했습니다. 우리 회사의 직원 평균 연령은 22살입니다(최연소는 19살 대학생).

그리고 이것은 평가가 굉장히 어려웠는데 이 럭키 콜을 실적평가의 포인트로 환산해 점수로 평가해 나가기도 했습니다.

대체로 우리 회사는 전화로 주문받고 있으며, 그 주문이나 업세일즈에서 판매할 수 있었던 옵션 상품 등을 모두 포인트를 책정해 매월 포인트제로 표창하고 있습니다. 그 포인트에 럭키 콜 처리 건수와 내용 난이도에 따른 포인트를 가미하도록 했습니다.

제가 보기에는 이름을 바꿔 부르면서 평가가 아주 좋아지고 있다는 것을 알수 있었습니다. 호칭을 클레임이라고 했을 때는 "아, 또야?"라는 분위기였습니다. 간단하게 해결될 문제도 괜히 어렵게 돌아가곤 했었죠. 지금은 "행운이 찾아왔어요"라고 말하며 클레임 전화를 처리하고 있습니다. 당연히 처리하는 사람의 말투도 좋게 들립니다. 그렇게 했더니 간단하게 클레임도 처리되고, 고객도 기뻐하게 됐습니다.

또 올봄부터는 클레임 처리 전화를 모두 녹음해 그것을 직원들과 함께 들으며 정기적인 토론을 하게 됐습니다. 이러한 과정도 모두의 성장에 기여하고 있다고 생각합니다. (이하 생략)

적인 단어로 변화시키고 말았습니다. 클레임이 있으면 "럭키 콜이 있었습니다"라고 직원에게 보고받게 되는 것이죠. 클레임을 받는 순간, 플러스로 사고를 전환하는 것이 가능해진 것입니다.

말은 그 한마디 한마디가 대단한 위력을 가집니다. 클레임만큼 에너지를 빼앗아가는 것도 없습니다. 그런데도 많은 회사에서는 클레임에 대해 적극적인 대응을 하기 어렵습니다. 이러한 마이너스 에너지를 플러스로 전환하는 마법의 한마디, 그것이 바로 '럭키 콜'이었습니다. 단어 하나를 바꿔 부르는 것만으로 회사가 클레임을 회사의 성장을 위한 에너지로 효과적으로 활용할 수 있게 됩니다. 정말 놀라울 정도로 멋진 아이디어입니다.

고객을
소개받으려면?

기꺼이 소개해준다면?

영업맨이 고객으로부터 새로운 고객을 소개받으려면 어떻게 해야 할까요? 많은 회사가 "소개 영업이 중요하다", "고객에게 소개를 부탁해라" 이런 식으로 영업맨에게 압력을 가합니다. 하지만 여러분들도 익히 알고 계시다시피 "누구를 소개 좀 해주세요"라고 부탁하는 영업맨은 꺼리게 되는 영업맨입니다.

영업맨 입장에서도 고객을 만날 때마다 "새로운 고객을 소개해주세요"라고 부탁하는 것은 자존심 상하는 일입니다. 솔직히 '하고 싶지 않다'가 본심이겠죠. 이런 식으로 이 사람, 저 사람에게 소개를 부탁하는 것은 고객에게 안 좋은 이미지를 심어줄 수 있습니다. 그래서 소개를 부탁하는 말을 입 밖으로 잘 내뱉지 못합니다.

그런데 말이죠. 고객의 저항감 없이 소개를 받을 수 있는 방법이 있다면 어떻겠습니까? 고객이 고객을 불러 기쁜 마음으로 소개해주는 방법이 있다면요?

실은 소개를 부드럽게 하는, 아무도 모르는 포인트가 있습니다. 그 포인트를 여러분에게만 조용히 알려드리겠습니다.

소개하고 싶어지는 타이밍을 포착한다

여러분의 회사가 고객에게 소개를 의뢰했다고 가정해봅시다.

친구를 소개시켜준 고객은 여러분의 회사가 민폐 또는 억지 영업을 해서 친구를 잃을 수 있는 엄청난 리스크를 안게 됩니다. 이러한 이유로 고객이 구입한 상품 또는 서비스에 상당한 만족감을 느끼며 여러분의 회사를 120% 신뢰하지 않는 이상, 친구를 소개해주는 부담을 지려 하지 않습니다.

이를 역으로 생각해보면, 구입한 상품 또는 서비스에 만족해 여러분의 회사를 120% 신뢰하는 타이밍을 알아차린다면 소개 의뢰는 쉬워집니다. 여기서 소개를 부탁하는 타이밍은 여러분의 회사를 신뢰하게 된 순간, 즉 '소비 직후'가 됩니다. 소비한 직후는 구입하고 싶었던 물건이나 서비스를 겨우 받은 순간이므로 기분이 고조되어 있습니다. 고객은 그 고조된 기쁨을 전달하기 위해서라도 친구를 여러분에게 소개해주고 싶어집니다.

하지만 그 시간이 지나면 고객이 느꼈던 기쁨은 급속도로 소멸합니다. 대부분 회사는 고객이 소개하고 싶은 타이밍에 소개를 의뢰하지 않습니다. 한참 뒤에 고객이 아무 생각이 없을 때 도리어 소개를 의뢰합니다. 당연히 별 효과도 없고, 고객은 불편함만 느끼게 되는 것이죠.

주택 공방을 예로 들어보겠습니다. 주택을 지으면서 제일 고객의 만족도가 높아지는 시기는 계약 때입니다. 담담하게 계약하는 사람은 별로 없습니다. 한평생의 꿈이 실현되는 순간이니까요. 고객은 그 기쁨으로 잔뜩 기분이 고조되어 있습니다. 이때 타이밍을 잡아서 소개를 부탁하면 효과가 좋습니다.

그런데 문제는 계약하는 동안 "소개해주세요"라는 부탁을 들으면, 고객은 '소개할 수 있는 친구'의 이름을 깊이 생각하게 됩니다. 그러면서 자기가 집을 계약한 순간에 친구를 바로 소개할 수 없다는 사실을 알게 됩니다. 고객은 집을 짓는 친구의 이름을 찾기 위해 머릿속에서 검색을 한참 해야만 구체적인 이름을 떠올릴 수 있습니다.

그래서 먼저 영업맨이 해야 할 일은 고객에게 <u>소개를 의뢰하는 것이 아니라, 검색 과정에 돌입할 수 있도록 도와주는 것</u>입니다. 이 검색 과정이 제일 작동하기 쉬운 때는 주택을 계약하고 완성할 때까지의 시간 동안입니다. 왜냐하면 <u>구매 도중</u>이라는 시기는 고객이 자기 집이 지어지고 있다는 사실에 대해 막 떠들고 싶어지는 시기이기 때문입니다.

주변으로부터 "와, 이제 집이 완성되는 건가요?"라고 질문이라도 받으면, 고객의 말문은 터지게 되어 있습니다. 그러면서 친구가 "우리도 실은 집을 새로 다시 지을까 생각 중이야"라고 듣기라도 한다면, 고객은 "소개시켜줄까?"라며 적극적으로 나설 가능성이 커집니다. 따라서 구입을 진행하고 있는 기간이 고객에게 소개를 부탁하는 데 제일 좋은 시간이라고 말씀드릴 수 있습니다.

실제로 미국에서는 구매 전, 구매 도중, 구매 후의 세 가지 단계에 따라 소개가 일어나는 비율을 조사해봤습니다. 그러자 구매 전, 구매 후의 타이밍보다 구매 도중의 소개율이 약 8할 정도 높았다는 통계가 있습니다.

왜 그런 결과가 나왔을까요? 구매 도중이라는 단계에 놓여 있을 때 고객은 구매한 대상, 즉 상품에 대해 지속적인 관심이 있습니다. 따라서 친구와 그 대상을 놓고 대화할 가능성도 커집니다. 구매한 상품에 대한 안테나가 계속 열려 있으므로 그와 비슷한 상품을 구매할 의사가 있는 친구를 더 빠르게 알아차릴 수 있습니다.

주택의 경우, 집이 완성되어갈수록 고객의 불신은 도리어 쌓입니다. '공사가 너무 늦는 거 아니야?', '진행 보고가 왜 이렇게 없어?', '처음 제시했던 내용과 너무 달라' 등의 불평불만이 쏟아져 나오기 마련입니다. 그러면 고객의 만족도와 신뢰감은 급속도로 떨어지게 되죠.

TV광고에서도 '아버지, 감사합니다!'라는 분위기가 연출되고 있지만 현실은 다릅니다. "아버지가 제대로 하지 않아서 지금 일이 이렇게 된 거잖아요!"라고 가족들의 불만이 튀어나옵니다. 어쩔 수 없지만 슬픈 현실입니다.

그래서 구매 후에 "어떻게 소개 좀 부탁드려도 되겠습니까?"라고 해봐야 "지금 무슨 소리 하는 건가요? 누가 누구를 소개시켜줘요?"라는 볼멘 반응만 튀어나올 뿐입니다.

기대치 관리

구매 후에 소개받아 고객의 만족도를 떨어뜨리게 된다면 치명적입니다. 이를 만회하기 위해서는 기대치 관리를 확실히 해둘 필요가 있습니다. 즉, 일어나기 쉬운 리스크를 사전에 설명해두는 것이죠. "이것이든, 저것이든 모두 순조롭게 되고 있습니다"라고 말해버린다면, 고객의 기대치가 너무 높아져 결국 불만투성이가 됩니다.

아무리 훌륭한 회사라도 문제는 일어나기 마련입니다. 그러므로 중요한 것은 문제를 일으키지 않으려고 노력하는 게 아니라, 문제가 일어날 수 있는 상황을 명확히 설명하고 그 대응책을 사전에 고객에게 인지시키는 것입니다. 이런 과정은 의사가 환자에게 실행하는 사전동의 (informed consent)[48]와 유사합니다.

사전동의를 하기 위해 의사는 수술 전에 환자에게 설명합니다.

"저희는 최선의 노력을 합니다만, 문제가 일어날 가능성이 전혀 없다고 말씀드릴 수는 없습니다. 만에 하나, 문제가 발생할 경우에는 대비책을 세워두고 있습니다. 최선의 노력을 하겠지만, 문제가 일어날 가능성이 있다는 것을 염두에 두어 주세요."

이런 식으로 사전동의를 구하면 환자는 "선생님, 잘 부탁드립니다"라고 말하며 고개를 숙입니다. 그런데 "아유, 이제 큰 배에 탔다고 생각하

---

48) 사전동의 : 의사가 치료의 방법이나 수단(수술, 투약 등)을 충분히 설명해 환자들의 합의를 얻는 것입니다.

시고 마음 푹 놓으세요"라고 말하면서 그 후에 "죄송합니다. 중환자실로 옮기게 됐습니다"라고 한다면, 환자의 가족은 욕설을 퍼부으며 의사의 멱살을 잡을지도 모릅니다.

좋은 이야기만 늘어놓으며 약속하는 것으로는 고객의 기대를 뛰어넘는 만족감을 줄 수 없습니다. 그것보다는 고객의 기대치를 관리하는 것이 중요합니다. 나쁜 것은 사전에 고지하고, 그 후에 고객의 기대를 뛰어넘는 만족을 제공하는 게 순서입니다. 사전동의를 실행함으로써 여러분은 고객의 만족도를 높일 수 있습니다.

소개받기 전 사전작업을 한다

소개가 구매 도중에 일어날 가능성이 크다는 것을 감안하면, 소개는 계약이 이루어질 때 부탁해두는 것이 가장 좋습니다. 그렇다고 계약할 때 "소개해주세요"라고 부탁해도 상대가 "그래요. ○○씨를 소개해드리겠습니다"라며 순조롭게 소개해주지는 않습니다. 고객에게도 소개할 사람을 물색할 시간이 필요하기 때문입니다.

따라서 바로 지금 소개해달라고 부탁하지 말고, 고객이 소개해줄 수 있도록 '사전작업'을 해둡니다. 이를테면 계약할 때 이런 식으로 대화가 오갈 수 있습니다.

"실은 부탁이 있습니다. ○○님도 아시다시피 우리 회사는 상품의 가격을 올리는 광고를 만들지 않는 대신, 신뢰할 수 있는 고객으로부터 소개받고 있습니다. ○○님께서 저희들의 일을 만족하셨다면, 친구분들에게 저희 회사를 소개해주셔도 괜찮겠습니까?"

이렇게 부탁받는다면 고객은 절대로 불쾌한 기분이 들지 않습니다. 왜냐하면 고객은 '자신을 만족시키지 못한다면 소개를 받을 수 없겠지. 그러니까 이 회사는 나를 만족시키기 위해 열심히 할 거야'라고 생각하기 때문입니다.

게다가 고객은 일관성의 법칙이라는 심리학 법칙이 움직이기 시작합니다. 한 번 "좋아요. 소개해드리겠습니다"라는 약속을 하게 되면, 그 약속을 실행하기 위한 의식이 움직입니다. 그렇게 되면 "저 사람, 리모델링을 검토하고 있대"라는 정보를 어디선가 자연스럽게 입수하게 됩니다. 이것은 '차를 사자'라고 생각한 순간, 차에 대한 전단이나 광고가 눈에 들어오는 것과 같은 이치입니다.

실제로 소개가 이루어지는 것은 고객이 상품을 전달받았을 때입니다. 이때는 미리 사전작업으로 소개를 부탁해둔 상태이기 때문에 영업맨으로서 다시 소개를 의뢰하기가 쉬워집니다. 이를테면 다음과 같은 이야기가 오갈 수 있습니다.

영업맨 : "어떠신가요? 만족하셨습니까?"
고객   : "와, 정말로 잘 지어주셨네요. 감사드립니다."
영업맨 : "계약하실 때 부탁드린 내용인데, 친구분들에게 소개 부탁
         드려도 될까요?"

이렇게 직접적으로 말하기가 어렵다면 다음과 같이 대화를 이끌어나가는 것도 좋습니다.

영업맨 : "계약하실 때 부탁드린 건에 대해서 말씀드리려고 합니다. 알고 계시는 친구나 지인분 중에서 리모델링을 계획하고 있는 분이 계십니까?"

꼭 이렇게 시도해보시길 바랍니다.

소개할 친구를 선별하는 방법

"소개해주세요"라고 부탁해도 소개가 되지 않는다? 그렇게 되는 가장 큰 이유는 '타이밍 어긋나기', 그리고 '미리 말해두는 작업이 결여되었기' 때문입니다. 거기에 한 가지 이유가 더 있다면, 고객이 '어떤 사람을 소개해야 할지 잘 모를 때'입니다. 예를 들어 보험 영업맨이 소개를 의뢰하는 상황을 가정해보겠습니다.

영업맨 : "그러면 전에 부탁드린 건입니다만, 지인 중에서 보험 가입을 계획하고 있는 분이 계시다면 소개 좀 부탁드려도 되겠습니까?"
고객　 : "아, 그런 사람이 주변에 있다면 전화드리겠습니다."

하지만 이런 경우에는 두 번 다시 전화가 걸려 오지 않습니다. 이는 영업맨이 "보험 가입을 계획하고 있는 사람을 찾으면 된다"라는 것을 지시하는 것과 다를 바 없습니다. 즉, 영업맨에게도 어려운 문제를 고객에게 전가하고 있는 셈입니다.

여기서 소개를 수월하게 진행하기 위해서는 고객에게 보험 가입을 고려하고 있는 사람을 소개해달라고 부탁할 게 아니라, 가입하기 쉬운 고객을 찾는 방법을 알려주는 것이 효과적입니다. 예를 들어 이렇게 대화를 이끌어나가 보는 것이죠.

영업맨 : "○○ 님께서 자산을 불리는 방법에 대해 서로 이야기를 나누고 계시는 분이 계신가요?"
고객　 : "네. 있습니다."
영업맨 : "어떤 분과 이야기를 나누시나요?"
고객　 : "△△씨와 ××씨입니다."
영업맨 : "△△씨와 ××씨께서는 저희 서비스에 대한 정보를 아시게 되면 기뻐하실까요?"
고객　 : "네."
영업맨 : "혹시 괜찮으시다면 소개 좀 부탁드려도 될까요?"

이런 식으로 "소개를 해달라"라고 부탁만 하는 게 아니라 '가능성 있는 고객을 찾아내는 방법을 알려주는' 것입니다. 이렇게 되면 가능성 있는 고객은 보험에 가입하고 싶은 사람이 아닌, '자산을 불리는 방법에 관해 관심이 있는 사람'이 됩니다. 이런 방식으로 고객 주변의 특정한 인물을 명확하게 만들어가는 방법이 있습니다.

소개 효율성을 높이려면?

자, 이상의 과정을 여러분의 회사에 응용하기 위해 다음의 질문에 대답해보시길 바랍니다.

1. 여러분의 회사에서 고객이 '제일 기뻐하는 순간'은 언제인가요? 그것은 구매 전, 구매 중, 구매 후 어느 시기에 해당하나요?
2. 소개를 부탁하는 사전작업을 할 때는 어느 타이밍에서 행해지면 좋을까요? 그때는 여러분 회사에 어떤 방식으로 적용하는 것이 좋을까요?
3. 여러분의 상품을 구매하는 고객에게 고객을 찾아내는 것과 가능성 있는 고객을 알려주는 것, 이 둘 중에서 여러분 회사가 접근하기 쉬운 방법은 어느 쪽인가요?

'사장'은 입소문의 발신지다

앞서 실천회 뉴스레터에서 사례 하나를 소개한 적이 있습니다. 일본을 건강하게 만드는 술, 사모란에 관한 것이었습니다. 저는 술에 대해 잘 아는 편은 아니었지만, 그래도 레스토랑을 가거나 할 때는 메뉴를 보면서 사모란이라는 술을 눈여겨보게 되더군요. 그러면서 레스토랑에 사모란이나 하크레이 제조의 술이 없으면 '이 가게는 별것 아닌 가게로 군'이라면서 술로 가게의 평가를 내곤 했습니다.

실천회 회원인 어느 사장은 레스토랑에 갈 때마다 "이번에 사모란에서 일본을 건강하게 하는 술을 낸 모양이던데요?"라면서 셰프에게 말을 건넸다고 합니다. 그러면 셰프가 "잘 알고 계시네요"라는 말을 할 정도로, 상당히 음식에 조예가 깊은 것과 같은 인상을 상대에게 준다고 합니다. 어떤가요? 꽤 괜찮은 느낌 아닌가요? <u>정보를 알게 되면 우리는 그에 대해 이야기를 나누고 싶어집니다.</u>

이렇게 입소문이 전달되면 브랜드가 형성됩니다. 여기서 입소문을 일으킬 때 '사장'이라고 불리는 사람의 영향력은 대단합니다. 우스갯소리로 이런 말이 있습니다. "여기서 돌을 던지면 사장을 맞출 수 있다"라고 할 정도로 사장의 수는 세상에 너무도 많습니다. 그리고 사장이라는 직책은 떠들지 않으면 안 되는 직책입니다. 조례라도 할 때는 직원들 전체를 향해 말을 해야 합니다.

사장이라는 존재는 입소문의 근원으로서 상당한 역할을 수행해야 합니다. 앞서 소개해드린 술처럼 사장이 계기가 되어서 입소문을 퍼뜨리는 경우가 종종 있습니다. 사장 자신이 소비하지 않는 상품이라 할지라도 말이죠. 마치 입고 있기만 하면 입소문이 전달되는 T셔츠의 영향력처럼 사장의 입소문 전달력은 대단합니다. 입소문이라고 하면 여고생이나 여성의 전유물처럼 인식되어왔지만, 여성의 입소문은 통제하기 어렵다는 것과 달리, **사장의 입소문은 간단합니다. 우선적으로, 예측, 예상할 수 있는 입소문이 바로 사장의 입소문입니다.**

08
스튜·레오나르도의
성공 사례에서 배워라

세계에서 가장 효율적인 소매점에 잠입!

1999년, 미국에 일주일 정도 다녀온 적이 있었습니다. 미국에 간 목적은 누이의 결혼식에 참석하기 위해서였지만, 업무적인 면에서도 대단한 일이 있었습니다. 그럼 그 결과에 대해 전달해보겠습니다.

우유팩이나 계란 케이스 모양의 인형이 기계적으로 움직이며 음악을 연주합니다. 유명한 테마파크의 놀이기구에서나 볼 수 있을 법한 게 말이죠. 이게 대체 무슨 소리냐고요? 스튜·레오나르도라는 슈퍼마켓의 이야기입니다(http://www.stewleonards.com/).

225페이지에 나오는 사진과 같은 인형들이 동선이 꺾이는 곳, 그러니까 사람의 이동 흐름이 바뀌는 곳에 있습니다. 이 슈퍼마켓을 보고 저는 깜짝 놀랐습니다. 일부러 여기를 방문한 것은 미국에 가기 전에 와쿠와쿠계 마케팅의 고사카 선생님께서 이렇게 말씀하셨기 때문입니다.

© Stew Leonard's

고사카 선생님 : "뉴욕에 가게 되면 스튜·레오나르도라고 하는 슈퍼마켓을 꼭 보고 오세요. 세계에서 가성비가 좋은 소매점인데 엄청나다고 합니다."

나 : "어떻게 훌륭한가요?"

고사카 선생님 : "우선 매장에 들어서면 엄청나게 큰 돌기둥이 있습니다. 그 돌기둥에는 스튜·레오나르도가 추구하는 규칙이 적혀 있어요. **내용은 '규칙 1. 손님은 올바르다!, 규칙 2. 만약 손님이 틀렸다고 생각된다면 규칙 1을 다시 읽자!'**라고 말이죠."

그 이야기를 듣는 순간, 저는 톰 피터스(Tom peters)[49]가 쓴 《경영파괴》

---

[49] 톰 피터스 : 미국의 경영컨설턴트입니다. 《톰 피터스의 경영파괴》(한큐커뮤니케이션즈 발행) 표지는 톰 피터스가 상반신은 양복 차림에 넥타이를 하고, 하반신은 팬티만 입고 우스꽝스럽게 찍은 것이었습니다(내용은 물론 진지합니다).

© Stew Leonard's

라는 책에서 소개한 매장이라는 것을 단번에 알아챘습니다. 그때는 이토요카도[50]처럼 철저한 고객 서비스를 하는 슈퍼마켓 정도로만 기대했습니다. 하지만 그 작은 기대는 현지에 도착해 차에서 내리는 순간 날아가버렸습니다. '머리를 해머로 맞은 것 같은 충격이란 게 이런 거구나' 할 정도로 엄청난 충격을 받은 것입니다.

동물원이 있는 슈퍼마켓

어떤 점이 그렇게 대단했을까요? 세상에, 동물원이 슈퍼마켓에 있는 게 아니겠습니까? 차에서 내려서 돌아봤는데 그곳에 오리가 있었습니

---

50) 이토요카도 : 일본의 잡화점입니다. - 역자 주.

© Stew Leonard's

다. 매장을 방문한 어느 아빠와 아이들이 소에게 먹이를 주고 있었고요. 그러니까 엄마가 매장에서 장을 보고 있는 사이에 자녀들은 동물들을 보면서 놀고 있는 것이었습니다.

뭐 이런 식으로 동물을 활용하는 것을 보면, 어떤 사람들은 이렇게 생각할 것입니다. '동물을 이용해서 손님을 유인하고 있구나'라고 말이죠. 저도 처음에는 그렇게 생각했습니다. 그런데 그 옆에 있는 안내문에 **왜 이런 동물원이 생겼는지에 관해 자세히 적혀 있더군요.** 내용은 좀 까먹긴 했지만 이런 내용이었습니다. "1967년 ○월에 손님인 ○○ 님이 자기 농장에서 키웠던 나이 먹은 소를 어린이들을 위해 기증했다"라는 이야기였습니다.

그 내용을 본 순간, 저는 놀라움을 금치 못했습니다. '와, 이 동물원은 고객과의 커뮤니케이션 속에서 탄생한 것이구나.' 이 매장은 고객 커뮤니티가 있었습니다. **고객과의 커뮤니티**라, 정말 중요한 부분입니다. "고

불변의 마케팅

객의 소리가 중요하다"라는 말은 귀에 못이 박히도록 들었던 것인데, 그게 왜 중요하냐면 고객이 커뮤니티를 느끼고 있기 때문입니다.

커뮤니티가 있다고 느끼면 사람은 안심합니다. 커뮤니티가 두근두근하고 재미있다고 느끼면, 그 커뮤니티에 참가하고 싶어집니다. 저는 이 동물원을 본 순간, '스튜·레오나르도야말로 저의 슈퍼마켓이고, **다른 슈퍼마켓을 가는 사람은 정말 바보가 아닌가**'라고 생각이 들 정도로 팬이 되어버렸습니다.

자석처럼 가게 안으로 끌어당긴다

동물원이 슈퍼마켓 안에 존재한다는 것도 놀라웠는데, 매장의 전체적인 분위기도 참 좋았습니다. 때마침 핼러윈 시즌이라 호박 장식이 매장 전면에 산처럼 쌓여 있었습니다. 미국의 핼러윈은 큰 호박을 파서 마치 도깨비처럼 장식하는 특이한 관습이 있습니다. 그래서 너도나도 호박을 구입하죠. 미국 호박은 일본 호박과 종류가 좀 달라서 모두 오렌지색[51]을 띠고 있습니다. 그런데 이 오렌지색 호박에 이상하게 끌리는 것입니다.

저 같은 사람은 늘 이런 생각을 합니다. '도대체 어떤 색을 써야 DM이나 전단의 고객 반응이 좋을까?'라고 말이죠. 그러면 반응이 좋은 색은 분홍색이나 오렌지, 노란색 계열의 따뜻한 색이 선정되곤 했습니다.

---

51) 오렌지색 : 지금은 일본에서도 '할로윈에는 오렌지색 호박'이 정착했습니다.

물론 매장도 비슷한 반응입니다.

아무튼 스튜·레오나르도 매장을 보고 있노라니 다이렉트 리스폰스 마케팅이 이렇게 2차원적으로 활용되고 있다는 사실을 알게 됐습니다. 우선 색채로 고객을 유인합니다. 거기에 무언가 산처럼 쌓여 있습니다. 인파가 몰립니다. 사람이 몰리는 이유는 그곳에 뭔가 가까이 다가가고 싶은 요인이 있기 때문입니다. 그런데 그곳에는 매장으로 들어서는 입구가 있습니다. 음, 뭔가 엄청나게 계산이 되어 있는 구조 아닌가요?

그렇게 매장 안으로 들어서면 앞서 소개한 돌기둥이 서 있습니다. 쿵하고 말이죠. **그 중량감**은 대단합니다. 사람들은 그 돌기둥을 보고 압도당합니다. 그렇다고 그 돌기둥에 너무 진지한 말들이 적혀 있는 것도 아닙니다. 글자의 모양도 동그랗게, 조금 농담처럼 쓰여 있습니다. 사람들은 그것을 보고 이상하게 안심합니다.

슈퍼마켓, 공장을 테마로 한 극장

매장 안은 어떨까요? 매장 안도 보통의 상식을 뒤엎는 구성이었습니다. 일반적인 일본의 슈퍼(뭐 그래봐야 미국의 슈퍼마켓의 흉내를 그대로 낸 것이겠지만)는 입구에 들어서면, 바로 채소 코너가 있습니다. 누구나 사는 채소이기 때문에 고객을 끌어들이려는 유인책인 것이죠.

즉, 고객의 필수 구입 품목이 매장 입구에 놓여 있는 구조입니다. 거기에 가격이 비싼 제품, 육류와 생선이 있고, 왜 그런지 모르겠지만 마지막 동선에 과일, 디저트가 있습니다. 그러면서 코너에서 물건을 파는 기회를 노리고 있습니다.

그런데 이 스튜·레오나르도는 완전히 그 반대입니다. 먼저 매장에 들어서면 케이크와 빵 같은 디저트가 먼저 눈에 들어옵니다. 게다가 '팔고 있다'라는 느낌은 전혀 안 들죠. 매장에 압도되어서 잘 기억이 나지는 않지만, 진열대에 물건들이 나열되어 있지는 않았던 것 같습니다.

진열된 상품 대신 눈에 띄었던 것은 바로 공장이었습니다. 빵을 만들고 있는 공장이었죠. 파티시에가 밀가루로 빵을 만들고 있었습니다. 빵 생지를 잘라 오븐에 넣어 빵을 굽는 작업장이 눈앞에 펼쳐졌습니다. 그냥 보고 있는 것만으로도 재미있더군요.

막 구워낸 빵을 파는 광경을 한번 상상해보세요. 갓 나온 신선한 빵, 그리고 파이를 구워내는 풍경. 그리고 빵을 만드는 소리. 더 맛있게 느껴지지 않나요? 그런 분위기에 휩싸이면 어떻게든 먹고 싶어집니다.

빵 공장 안쪽 너머로는 우유 공장이 있었습니다. 유리로 만든 벽 너머로 우유가 보이더군요. 우유가 꼬리에 꼬리를 물고 상자에 담겨 포장됩니다. 이 우유는 프라이빗 브랜드[52]로 만들어진 우유이기 때문에 매장에 진열되는 과정까지 전부 구경할 수 있습니다. 이 슈퍼마켓에서는 프라이빗 브랜드가 잘 팔리는 눈치였습니다. 왜 그런지 이유를 물으니 "신선한 느낌이 들기 때문"이라는 말을 들었습니다. 그거야 당연한 이야기였습니다. 슈퍼마켓 안에 우유 공장이 있으니 그럴 수밖에요.

이렇게 저는 매장 입구에 들어서자마자 압도당해버렸습니다. 뭐든

---

52) 프라이빗 브랜드 : 지금은 일본에도 제법 많습니다. 편의점 세븐일레븐의 '세븐 프리미엄' 제품도 그 예입니다. 도소매점 등에서 독자적으로 기획, 판매하는 제품을 말합니다. 줄여서 PB라고도 합니다.

ⓒ Stew Leonard's

이것저것 다 사고 싶고, 먹고 싶어져서 제 카트는 금방 여러 물건으로 가득 차버렸죠. 아! 카트라고 하니 생각이 나는데 그 **카트가 또 엄청난 특대 사이즈**였습니다. 미국에서도 특대 사이즈라고 하니 그 크기가 상상이 가시나요? 보통의 카트 사이즈보다 2배 정도 큽니다. '진짜 이걸 다 채울 정도로 물건을 사는 사람이 있단 말이야?'라고 생각할 정도로 컸습니다. 이 카트도 이 슈퍼마켓의 특별 주문인 듯했습니다.

평판이 나빠도 고객이 모이는 구조

지금부터 특별히 말씀드릴 내용은 이것입니다. 이 슈퍼마켓의 **동선은 하나밖에 없는 구조**였습니다. 즉, 한번 매장에 들어서면 처음부터 끝까지, 그러니까 매장에서 빠져나올 때까지 하나의 길로만 쭉 다녀야 했습니

불변의 마케팅

다. 마치 놀이공원의 놀이기구를 타는 것과 같은 느낌이었습니다. 게다가 카트도 대형 사이즈입니다. 그러다 보니 앞에 있는 사람을 추월하는 것이 불가능했습니다. 이렇게 되면 사고자 하는 상품을 손에 넣는 것이 어렵습니다. 고객은 물건을 사는 것이 불편하다고 느낄 수밖에 없습니다. 확실히 저도 해보니까 불편하긴 하더군요. 그런데 이상했습니다. 불편한데 재미가 있는 것입니다.

그 지점에서 앞서 말씀드린 엔터테인먼트 요소가 있는 인형이 튀어나옵니다. 이 인형들의 퍼포먼스는 반드시 코너에서 튀어나옵니다. 즉, 일정 방향에 하나의 동선이지만, 고객이 지루하지 않게 인형들이 튀어나와 안내 역할을 도맡고 있는 것입니다. 이것이야말로 다이렉트 마케팅의 소매점 버전이었습니다. 고객이 동선 어디쯤에서 얼마큼 머무르는지, 얼마큼의 반응률로 카트에 지정한 상품을 넣는지가 이미 계산이 되어 있던 것입니다. 이렇게 직선으로 동선을 설계한 경우, 구매율을 계산하는 것은 그리 어렵지 않습니다. 과학적으로 어느 정도 매상의 예측이 가능하다는 이야기입니다. 이 슈퍼마켓은 그런 노하우가 집약된 곳이었습니다.

저는 이런 콘셉트의 슈퍼마켓은 처음 봤습니다. 각각 물건을 파는 지점에서 고객의 소비를 최대한 끌어올리는 공부가 이미 이루어지고 있는 곳이었습니다. 그러므로 가성비가 세계 최고인 매장이었던 것입니다. 채소만 사고 집에 돌아가고 싶은 고객이 이 슈퍼마켓을 방문하면, 채소 코너 진열대로 이동하는 것이 어지간해서 쉽지 않습니다. 이런 점에 상당한 불만을 품고 '이러면 물건을 사기가 힘드니까 고객이 유출되지 않을까?'라고 생각할 수도 있습니다. 하지만 고객이 빠져나가는 일은 실제로 일어나지 않습니다. 희한하게도 **이 슈퍼마켓의 고객은 만족하지 않지만, 다시 재방문한다**고 하더군요.

저는 다음과 같은 대화를 미국인 매형과 나눌 수 있었습니다.

매형 : "주차장에서 넘버를 보면 아주 재미있어. 넘버에 적힌 주가 너무 다양해. 주말만 되면 주변의 주에서 여기를 찾아온다는 거지. 그래서 이 지역 주민들은 매장이 혼잡해지는 주말에는 다른 슈퍼마켓을 방문해."

나 　 : "하지만 엄마는 여기에 물건을 사러 오시잖아. 한 달에 몇 번 정도 오시는 거야?"

매형 : "주에 세 번 정도랄까?"

나 　 : "뭐? 붐비고, 물건을 사는 데도 시간이 오래 걸린다고 불평하면서 왜 여기를 주에 세 번이나 찾아오는 거야?"

매형 : "응, 그거야 신선한 생선이랑 고기를 팔고 있기 때문이지."

사실 **고객은 고객이 모이는 곳을 선호**하기 마련입니다. 물론 지역 주민은 혼잡한 주말을 피한다고 하지만, 그것은 디즈니랜드 근처에 사는 사람들이 주말을 피해서 다니는 것과 같은 이치일 것입니다. 맛집을 찾아서 음식 맛을 보려면 예약이 비어 있는 시간에 가야 하는 것과 같은 이야기라는 거죠. 하지만 이러한 이유는 소비자들이 만족하지 않음에도 굳이 매장을 방문하는 상황을 설명하기에는 부족합니다. 이 슈퍼마켓을 방문하는 고객들은 그냥 발걸음을 옮길 뿐이었습니다. 우리 집 누이의 말에 따르면, "그곳에 가면 우리 집 강아지가 너무 좋아하거든"이라고 합니다. 왜 강아지가 기뻐하냐면 스튜·레오나르도에서는 **철저하게 시식 샘플을 나누어주고 있기 때문**이었습니다. 매장에서 나누어주는 시식 샘플을 강아지도 맛보는 것입니다. 그러니 강아지가 스튜·레오나르도를 가자고 하면 크게 좋아할 수밖에요. 참으로 무서운 슈퍼마켓 아닌가요? 사람뿐만 아니라 개까지 팬으로 만들어버리는 슈퍼마켓이니까요.

지금 바로 사용할 수 있는 쇼핑백 작전

물론 개만 이 슈퍼마켓의 팬이 된 것은 아닙니다. 사람도 팬이 됐습니다. 제가 팬이 된 이유 중 하나는 쇼핑백의 놀라운 활용법이었습니다. 계산대 앞에는 큰 게시판이 있었습니다. 그 게시판에는 고객의 사진이 수백 장이나 전시되어 있었죠. 대체 어떤 사진인가 싶어서 눈여겨봤더니 거기에는 '세계의 스튜·레오나르도'라고 적혀 있었습니다.

하나하나의 사진을 꼼꼼하게 살펴보니 세계 각국의 언어로 적힌 스튜·레오나르도의 쇼핑백을 고객들이 들고 가족과 함께 찍은 듯한 모습이었습니다(그 모습은 스튜·레오나르도의 홈페이지에서 FUN & ACTIVITY 태그로 들어가 BAG'S AROUND THE WORLD 코너에서 볼 수 있습니다).

애국심이 갑자기 불타오른 저는 일본은 없는지, 눈에 불을 켜고 찾기 시작했습니다. 역시나 후지산 근처에서 스튜·레오나르도의 쇼핑백을 들고 있는 한 학생이 보였습니다. 저는 그 모습을 보고 무척이나 기뻤습니다.

그럼 어떻게 이런 '세계의 스튜·레오나르도'가 시작된 것일까요? 그

유래에 대해서도 적혀 있더군요. '○년에 ○○에 살고 있는 ○○ 님이 이 게시판에 쇼핑백을 들고 찍은 사진을 게시한 것을 계기로, 수많은 고객이 경쟁적으로 참여하고 있다'라는 내용이 말이죠.

저는 그 내용을 보고 한동안 입을 떡 벌리고 멍하니 서 있었습니다. 정말 철저하지 않습니까? 이 슈퍼마켓은 한번 방문한 고객은 모두 팬으로 만들어버리고 있었습니다.

아직 일본에서는 스튜·레오나르도는 그리 알려진 매장은 아닙니다. 일본에서는 월마트를 최고로 여기니까요. 그런데 미국에서의 월마트 이미지는 그리 좋은 편은 아닙니다. 월마트는 저소득층이 주로 가는 슈퍼마켓이라는 인식이 있습니다.

저는 스튜·레오나르도를 보고 어떤 감상을 했을까요? 우선은 이런 생각이 들더군요. '미국에서는 성공했는지는 몰라도 일본에서 참고하기는 어렵겠구나'였습니다. 동행했던 저의 아버지도 같은 말씀을 하셨습니다.

"이거 뭐 참고하기에는 그렇군!"

저희 아버지는 일본에서 소매점을 운영하고 계신 분입니다. 저와 같은 생각을 들으니 처음에는 실망감이 들더군요. 하지만 그것이 일반적인 견해라고 생각합니다. 미국에서도 이 스튜·레오나르도의 모델은 애초에 "대부분의 소매점에서는 참고할 수 없다"라는 말을 듣곤 했으니까요. 그런데도 스튜·레오나르도는 소매업으로 수십 년 동안 미국에서 톱을 찍고 있습니다.

물론 표면적으로 보면 스튜·레오나르도를 일본에 그대로 들여오는 것은 무리입니다. 하지만 응용할 수 있는 부분도 분명히 있습니다. 바로 엔터테인먼트 요소입니다. 소비자는 단순히 물건을 구매하려고 매장을 찾는 게 아니었습니다. 가족과 함께 **즐기면서 물건을 사는 순간에 돈을 지불**하고 있었습니다. 잘만 하면 응용할 요소는 차고도 넘칩니다.

물건을 단순히 진열해놓는 것만으로는 지속적인 가격 하락세만 유도할 뿐입니다. 다른 곳보다 물건을 싸게 내놓아야 하는 경쟁요인이 될 수밖에 없습니다. 하지만 그런 것은 대형 소매점에 맡겨만 두면 됩니다. 경쟁에서 이기려면 단순히 물건을 파는 것에만 집중하지 말고, 소비자가 **물건을 사는 행위가 즐겁도록 체험**을 팔면 됩니다. 그 소비의 근원이 무엇인지 제대로 이해해야 합니다.

그럼 일본에서는 어떠한가?

이 스튜·레오나르도에서 저는 많은 힌트를 얻을 수 있었습니다. 하지만 역시나 미국의 사례이고, 최근에 느낀 힌트에 불과할지도 모릅니다. 그래서 일본의 스튜·레오나르도를 소개해드릴까 합니다. 그 매장은 바로 핫한 건어물 가게, 바로 '지지야'입니다. '미국에서는 잘나갈 수 있을지 모르지만, 일본의 소매점이 참고할 내용은 없구나'를 단번에 날려버릴 실천 사례입니다.

우선 스튜·레오나르도의 돌기둥에 쓰여 있는 내용과 마찬가지로 '맛있는 지지야를 즐기는 방법'이라고 매장 앞에 쓰여 있는 '주의사항'을 소개하겠습니다.

"지지야는 놀리는 고객을 좋아합니다. 다음의 순서대로 즐겨주시길 바랍니다. 지금 바로 매장으로 들어와주세요!"

1. "호오~ 지지야라고? 이름이 꽤 재미있는데?"라고 말하면서 안으로 들어온다.
2. "뭐야? 건어물 가게잖아? 맛있어 보이는걸?"이라고 말하며 시식을 한다. (주의) 시식을 하기 전에 상품을 먼저 보면 안 된다!
3. 시식이 맛있었다면 상품을 보고, 지지야의 직원에게 "이게 뭔가요?"라고 물어본다. (주의) "맛있다!"라는 말을 꼭 잊지 말고 할 것. 맛이 없었다면 매장 밖으로 나간다.

축하드립니다. 축하해요. 오늘부터 여러분은 '지지야'의 일원이 됐습니다.

이렇게 쓰여 있는 안내에는 대단한 노하우가 집약되어 있습니다. 그 증거로, 이 안내문을 본 순간, 정말로 "호오~ 지지야라고? 재미있는 이름이잖아?" 하면서 내방하는 고객이 있다고 합니다(벌써 이 지점에서 지지야에 대한 감정 이입이 시작되고 있는 증거).

그렇다고 건어물을 만들고 있는 공장이 매장 입구에 턱 하니 있는 것은 아닙니다. 하지만 레트로풍의 분위기가 향수를 자극합니다. 거기에 "어쨌든 무료로 시식을 한다"라는 스튜·레오나르도의 콘셉트와 일치하는 시식 코너가 준비되어 있습니다. 더욱이 스튜·레오나르도와 공통점은 바로 마지막에 준비된 고객의 소리 게시판입니다.

앞으로는 '지지야 세계정복계획'으로, 지지야의 쇼핑백을 들고 세계의 각 명소를 방문해 사진을 찍는 것이 어떨까 싶네요. 또한, 지지야에서는 '지지어'라는 지지야 특유의 언어가 공용어로 사용되고 있습니다. 지지야에 있는 사람이라면 모두 지지어를 말할 수 있게 됩니다.

스튜·레오나르도는 일본에서는 그리 알려지지 않은 매장입니다. 하지만 대단한 기업이죠. 초일류기업의 회장이 이 슈퍼마켓의 고객 만족 세미나에 직접 참석해서 노하우를 배우는 일도 있습니다. 그와 비슷한 일이 여기서도 시작되고 있습니다. 여기 지지야와 같은 레트로 매장도 고객을 모으는 데는 일가견이 있습니다. 그러니까 모두 힘내시길 바랍니다!

소매점 이외에도 계약률 향상에 응용할 수 있다

'글쎄요. 우리는 소매점이 아니니까요. 응용하기가 좀 그렇지 않나요?'라고 생각하시는 분들은 '지지야'에서 응용할 수 있는 힌트가 있습니다. 건축설계소가 회사 입구에 강아지 조형물을 세웠더니 고객이 들어오기 쉬워졌습니다. 거기에 입구 로비에 구조 설계 모델을 제시했더니 내방한 순간, 고객의 머릿속 구상이 달라졌다는 회원들의 말도 있습니다. 역시 해보지 않고서는 효과를 알 수 없습니다. 여러분도 꼭 스튜·레오나르도의 사진과 지지야의 설명을 참고하면서 자신의 회사나 매장에 어떻게 적용해볼지 구상해보시길 바랍니다.

참고로 저의 사무소에서는 실천회 회원들의 실적이 벽면을 장식하고 있습니다. 그것을 보는 사람들은 그 벽면을 보는 순간, 저와 사무소에 대한 신뢰가 생깁니다. 그리고 다른 사람에게도 우리의 존재를 소개시켜줍니다. 상공회의소에도 소개해줍니다. 그리고 배달을 온 운송회사 사람들도 우리의 존재를 알게 됩니다.

그렇게 꼬리에 꼬리를 물어 입소문이 퍼져 나갑니다. 사실 저의 사무소는 사람들이 자주 찾아오는 곳은 아닙니다. 그런데도 입소문이 퍼져 나갑니다. 그만큼 벽면에 고객의 소리를 게시하는 것은 대단한 효과를 불러옵니다. 꼭 실천해보시길 바랍니다.

제5장

내가 지은
죄와 벌

간단하므로 활용법을 틀리기 쉬운 다이렉트 마케팅.
제5장에서는 간다 마사노리가 전달한 노하우에서
'오해하기 쉬운 점'을 보완해
'올바른 실천법'을 제대로 해설해드리겠습니다.

많은 사람이
착각하는 것

예전의 저는 "이렇게 하면 돈을 벌 수 있습니다!"라는 전술, 전략 수준의 조언을 했습니다. 그 결과, 인생 단계의 관점에서 보면 움직이지 않아야 할 타이밍에 움직이라고 조언했던 적이 있었습니다. 하지만 지금의 저는 그렇게 조언하고 있지 않죠.

"여기를 이렇게 수정하면 신규 사업을 위한 조직 구성을 할 수 있습니다. 그런데 지금 사업을 시작한다면 아마도 머지않은 미래에 오른팔이 쿠데타[53]를 일으킬지도 모릅니다. 그러니까 지금은 사내 조직 체제에 집중하고, 신규 사업은 한 2년 정도 참으시는 게 어떨까요?"라고 조언합니다.

사실 이것 말고도 4년 동안 실천 뉴스레터를 발행하면서 반성했던 적도 있었습니다. 고객획득실천회 안에서도 제가 제시한 방법론을 착

---

53) 오른팔이 쿠데타 : 오른팔이라고 신뢰하고 있던 직원에게 배신당하는 것, 사기를 당하는 것, 상품, 서비스에 문제가 발생하는 것 등을 말합니다. 회사의 성장에 여러 가지 '장벽'이 생기는 것으로, 자세한 것은 《성공자의 고백》에 쓰여 있습니다.

각하고 있는 사람들이 다수 있었다는 사실을 깨닫게 된 것입니다. 그러한 이유로 여기서 '내가 저지른 죄와 벌'이라는 주제로 과거에 잘못 했던 것들을 고백하고자 합니다. 제 자신에 대한 반성과 함께, 많은 사람이 착각하고 있는 것들에 대해 적어보겠습니다. 이렇게 하면 실천회 방법에 대한 이해가 더 깊어지게 되고, 자기 회사에 대한 응용력이 커질 수 있다고 생각합니다.

죄와 벌 1. 감성적인 표현을 하면 반응이 높아진다?

"○○은 하지 마!"[54]라든가 "아직도 ○○을 계속하고 있나요?"라는 표현을 사용한 광고를 보고, "감정에 호소하는 광고는 이제 너무 올드하다"라고 말하는 경우가 있습니다. 그런데 이 경우는 제가 알기 쉽게 설명하려다 틀려버린 죄와 벌 중 하나입니다. 사람들의 이해를 돕기 위해 반응이 좋은 표현 몇 가지를 설명했는데, 그 표현을 그대로 '간다 마사노리가 권장하는 방법이구나'라고 **착각하고 있는 사람을 대량으로 제조**하고 말았던 것입니다. 저는 이 점을 후회하고 동시에 자책하고 있습니다.

사실 위와 같은 표현을 쓴다고 해서 올드한 것은 아닙니다. 지금도 대단히 효과적인 표현법이죠. 그렇다고 어느 업계에서나 활용할 수 있는 표현법이라는 것은 아닙니다. 예를 들어, 주부를 상대로 "아직도 비싼

---

54) "○○은 하지 마!" : 《당신의 회사가 90일 안에 돈을 번다!》에서 소개된 감정 마케팅의 대표 격이라 할 수 있는 필살 광고 문구입니다.

항공권을 계속 사실 겁니까?"라고 한다고 해서 여심을 사로잡을 수는 없습니다. 주부 입장에서 생각하면 이런 표현법은 무섭게 다가옵니다. 마치 위협처럼 느껴질 수 있죠. 그런 으름장 같은 표현법을 주부를 상대로 쓴다면 모두 도망갈 것입니다. 왜냐하면 항공권과 같은 것은 '법인을 상대로 하는 경비 절감 대상'으로 봐야 그 표현법이 임팩트를 줄 수 있기 때문입니다.

그리고 "○○는 하지 마!"라는 이 표현을 전형적으로 활용하면 "집을 아직 사지 마!"라고 쓸 수 있습니다. 바꿔 말하면, 소비 판단의 기준을 **압도적인 신뢰성이나 증거**를 통해 광고를 보는 사람들에게 전달해야만 하는 것입니다. 신뢰성이나 증거도 없이 그냥 "○○는 하지 마!"라고 하면, 사람들은 그것을 곧이곧대로 받아들이고 맙니다. 상황에 따라 생각해야 하는데, 그냥 아무 생각 없이 광고해버리고 나서는 '왜 반응이 없지?' 하면서 포기해버리는 사람들이 많습니다. 그렇게 된다면 너무 슬픈 이야기인 것이죠.

고객의 반응은 광고나 전단에서 사용하는 **단순한 문구에서 오는 게 아니라 갭의 수준** 차이에서 결정이 납니다. 이것은 제가 《당신의 회사가 90일 안에 돈을 번다!》라고 쓴 책에서부터 계속 말하고 있는 내용입니다. 그렇다면 갭이란 대체 무엇일까요?

갭이란 고객이 느끼는 현실과 기대에서 오는 차이를 말합니다. 그 차이를 크게 벌리면 벌릴수록 고객의 반응률은 올라갑니다. 현실적인 표현으로 바꿔보면, '이 상품은 이런 것이겠지?', '이 서비스는 이런 것일 테지?', '어디든 가격은 비슷한 것 아닐까?' 이처럼 고객이 느끼고 있는 내용들이라고 할 수 있습니다.

반응은 현실을 크게 넘어가는 시기를 어디까지 제시할 수 있는지에 따라 달라집니다. 즉, 갭의 크기 차이에 따라 반응이 결정되는 것입니다. 단순하게 그뿐인 것이죠. 자, 여기서 퀴즈를 내보겠습니다.

"반응률 100%의 DM은 무엇일까?"

답은 세무서에서 온 메일입니다. 왜일까요? 메일을 열어보지 않으면 **낭패를 경험**하기 때문입니다. 세금을 제때 내지 않으면 감옥에 갈 수 있습니다. 앞으로 일어날 수 있을 거라고 예상되는 일인데, 그 일이 일어나면 견딜 수 없을 정도로 아픔을 겪게 되는 일입니다. 바꿔 말하면, 현실과 기대 사이의 갭이 극한으로 열리게 되는 것입니다. 그러므로 반응이 높을 수밖에 없습니다. 그렇다는 것은 여러분의 회사가 만든 제품을 고객에게 소개하고 싶다면, 이 갭을 넓히는 문장을 활용하면 된다는 뜻이기도 합니다. 이 방법은 뒤에서 설명할 'PASONA 법칙'입니다.

소비자는 자신이 모르고 있던 새로운 현실을 제시받게 되면 심리적인 불안에 사로잡히게 됩니다. 그러면서 기분이 상당히 안 좋아집니다. '내가 모르고 있던 현실이 여기에 있다'라는 것을 인지하게 된 순간, 마음의 불안을 해소하기 위해 행동하게 됩니다. 그 행동이 바로 반응으로 이어지게 되는 것입니다.

그러한 이유로 내가 만든 광고에 반응이 없는 경우, 무엇을 검토해야 할지는 더욱 확실해집니다. '광고 속에 고객이 생각하는 기대와 내가 제시하는 현실에 어느 정도 갭이 있는지?'에 대한 내용을 공고히 하면 됩니다. 갭이 없다면 새로 광고를 다시 만들어야 하며, 반응하는 수가 적다면 그 반응을 올리기 위해 노력해야 합니다.

죄와 벌 2. 뉴스레터와 카탈로그를 쓰면 실천한 것이 된다?

많은 회원이 뉴스레터를 만들거나 카탈로그를 제작하고 있습니다. 뉴스레터나 카탈로그는 상당히 효과적인 도구임에 틀림이 없지만, "모두가 뉴스레터를 제작해야 하나요?"라는 질문에는 꼭 그렇지 않다고 말씀드릴 수 있습니다. 전에도 소개한 적이 있는데 파스미디어의 주토 씨는 NTT의 회선 판매에서 전국 톱을 찍었던 사람입니다. 그런데 그는 따로 뉴스레터를 발행하고 있지 않았습니다. 물론 카탈로그를 제작해 고객에게 뿌린 적도 없습니다. 실천회에서 마케팅 방법으로 제시하고 있는 뉴스레터나 카탈로그는 어디까지나 하나의 도구일 뿐입니다. 그 것을 활용하느냐, 하지 않느냐는 업계에 따라 다르게 적용됩니다.

뉴스레터의 경우, 대부분 업계에서 활용할 수 있는 효과적인 마케팅 도구입니다. 하지만 한번 다녀간 고객만으로도 충분한 이익이 발생해서 "고객이 많아지는 것이 도리어 귀찮다"라고 말할 수 있을 정도의 부러운 기업이라면 무리하게 활용할 필요가 없습니다.

한편, 뉴스레터 효과가 다른 업계보다 떨어지는 시장도 있습니다. 상품 자체에 고객의 애착이 따라붙지 않는 경우입니다. 예를 들면, 주토 씨가 했던 NTT의 전화 회선 판매가 그런 경우입니다. '전화 회선에 애착이 있는' 그런 사람은 별로 없지 않을까요? '전화 회선에 대해 좀 더 알 수 있는 뉴스레터' 같은 것을 받아봐야 기뻐할 고객은 별로 없을 것입니다. 이런 경우의 회사는 뉴스레터를 발행하기는 하면서 고객과의 관계를 돈독히 할 수 있는 다른 상품을 판매하는 조직을 구성할 수도 있지만, 그 효과는 다른 업계보다 현저히 떨어집니다.

특히 파스미디어의 경우, 굳이 뉴스레터를 발행하지 않아도 돈을 버는 구조이기 때문에 애서서 뉴스레터를 만들 필요가 없습니다. 따라서 단순하게 '뉴스레터를 만들면 매출이 오른다'라는 공식을 떠올리지는 않으셨으면 합니다.

'카탈로그를 만들면 돈을 벌 수 있다'며 서둘러 카탈로그를 만드는 사람들이 있습니다. 하지만 카탈로그도 만들기 전에 좀 더 생각해보시길 권합니다. 여러분이 꼭 카탈로그를 만들어야 하느냐고 물으신다면, 그것은 경우에 따라 다르다는 것을 미리 알려드립니다.

《60분간·기업일류화프로젝트》[55]에 쓰여 있는 것처럼 "지금 당장 계약하지 않으면 큰일이 날지도 몰라"라고 말할 정도의 필요한 상품을 파는 경우는 굳이 카탈로그를 만들 필요가 없습니다. 예를 들면 소화기라든가, 4월에 학원에서는 카탈로그의 우선순위가 높지 않습니다.

물론 카탈로그를 통해 정보를 제공하는 것은 없는 것보다 있는 것이 더 좋기는 합니다. 하지만 다급한 고객들에게는 카탈로그를 쓸 때가 아닙니다. 상품을 들고 고객 앞으로 바로 뛰어가면 되는 것이죠. 이때는 투 스텝으로 갈 게 아니라 바로 원 스텝으로 상품을 팔면 됩니다.

한편, 카탈로그를 만드는 회사들이 너무 많아지면서 '이제 카탈로그 효과는 더 이상 없다'라고 생각하는 사람도 있습니다. 하지만 **이런 사고**

---

55) 《60분간·기업일류화프로젝트》: 간다 마사노리가 쓰고, 다이아몬드사에서 발행했습니다. '스타전략구축법'이라고 명명된 독자적인 경영전략이 소개되어 있습니다.

도 너무 단순한 사고입니다. 주택 업계의 경우, 너도나도 제작해 카탈로그가 넘쳐나고 있는 상황입니다. 저는 '주택으로 실패하지 않는 7개의 자기방지책'이라는 카탈로그를 클라이언트를 위해 제작했지만, 그것과 비슷한 카탈로그를 다른 회사들도 따라서 많이 발행하고 있는 실정입니다.

그렇게 카탈로그를 따라서 만든 회사들이 계속 비슷한 카탈로그를 발행해 같은 지역에, 같은 카탈로그가 2개, 3개 계속 늘어난다면, 고객의 반응은 당연히 식을 수밖에 없습니다. 이때는 '라이벌 회사와 비교해 우리 주택은 어떤 우수함이 있는지'를 알릴 방법을 고안해내야 합니다. 이것을 요약하면, **카탈로그 방식이 올드해서 고객의 반응이 떨어지는 것이 아니라, 여러분의 회사가 다른 회사와 차별화를 하지 못했기 때문에 반응이 떨어진다는 것**을 인지해야 한다는 것입니다.

카탈로그의 원칙은 거기에 적힌 내용이 여러분의 고객에게 부합해야 한다는 점입니다. 예를 들어, 여러분의 회사가 2세대 주택으로 실적이 있는 회사라면, '주택으로 실패하지 않는 자기 방어책'과 같은 광범위한 주제로 접근할 것이 아니라, '2세대가 행복해지는 방법', '힐링되는 2세대 주택을 만들기 위한 일곱 가지 비결'처럼 '2세대'에 주목하는 주제를 선정하는 것이 좋습니다. 그렇게 접근하면 2세대 주택을 고려하고 있는 고객이 보고 싶은 카탈로그가 완성됩니다. 그러면 그 카탈로그를 읽은 고객이 자기만의 소비 판단 기준이 서게 되면서 다른 회사 상품을 곁눈질하지 않습니다.

카탈로그를 현명하게 활용하면 어느 시대에나 놀라운 효과를 얻을 수 있습니다. 카탈로그는 '바이블 상법'이라고도 하는데, 일반적으로 바

불변의 마케팅

이블 상법은 '별로 좋지 않은 방법'을 비꼬는 표현이긴 합니다. 그런데 **그 바이블 상법을 뛰어넘는 더 좋은 유효한 방법이 과연 있을까요?** 인류 역사를 뒤져봐도 그런 방법은 없습니다. 왜 기독교가 세상에 널리 퍼졌을까요? 바로 성경책이 있었기 때문입니다.

실천회의 많은 회원은 '행복한 작은 부자 시리즈'의 혼다켄(本田健)[56] 선생님을 익히 알고 계실 것입니다. 그는 무명 시절에 카탈로그를 만들어 1년 사이에 50만 부를 배포했습니다. 그랬더니 반년 만에 사업이 일어섰습니다. 인터넷 시대인데도 여전히 카탈로그의 위력은 대단한 셈입니다. 그만큼 엄청난 반향을 일으키는 카탈로그이기 때문에 활용법을 제대로 익히셨으면 하는 바람입니다.

죄와 벌 3. 'PASONA 법칙'으로 만든 광고는 어떠한가?

팔리는 문장이란 '어떻게 잘 표현하느냐?'가 아닌, '무엇을', '어떤 순번으로 말할까?'로 결정됩니다. '어떻게 잘 표현하느냐?'는 작가가 고민할 문제입니다. **물건을 파는 상인은 '무엇을', '어떤 순번으로 말할까?'**가 더 중요한 문제입니다.

상품을 팔기 위해 '무엇을', '어떤 순번으로 말할까?'를 법칙화한 것이 바로 'PASONA 법칙'입니다. 이 'PASONA 법칙'은 최면으로 고객을 속여 상품을 판매하는 방법, 그리고 임상심리에서 환자를 치료할 때 쓰

56) 혼다켄 : 《돈에 휘둘리지 않는 생존법》, 《라이프 워크》 등을 주제로 많은 베스트셀러를 탄생시킨 작가입니다.

는 방법과 같은 것으로 상당히 효과적인 법칙입니다. 즉, '방법론'은 같지만, 사용하는 측의 의도에 따라 상대를 치료하기도 하고, 절박한 상태에 빠지게 하기도 하는 방법이 되는 것이죠. 따라서 실천회 회원이라면 무엇보다 도덕적인 개념을 강하게 장착하시기를 바라는 바입니다.

그렇다면 이제부터 'PASONA 법칙'을 설명하겠습니다. 다음의 순번으로 이야기를 진행하면 인간은 행동을 취하기가 쉽습니다.

(1) Problem : 문제점을 명확화해서 전달한다.

(2) Agitate : 그 문제를 실감할 수 있도록 계속 상기시킨다.

(3) Solution : 문제의 해결책을 전달한다.

(4) Narrow down : 그 해결책을 얻는 사람은 한정적이라는 것을 설명한다.

(5) Action : 행동을 일으킨다.

이 'PASONA 법칙'을 적용한 문장의 예를 들어보겠습니다.

● 지금은 가계소비를 절약하고 싶으신 거군요. 그런데 보험이 주택 비용 다음으로 큰 지출로 잡혀 있다는 것을 알고 계셨습니까?

　→ 이것은 '문제점의 명확화' (P)

● 게다가 10세대 중에서 9세대 정도가 지출하지 않아도 되는 보험료를 내고 있습니다. 그 비용을 지속해서 내기 위해서 매년 3만 엔, 10년이면 30만 엔 이상을 내고 있습니다.

　→ 이것은 '문제점의 상기' (A)

● 그 30만 엔을 단순한 조치로 돌려받는 방법을 알고 계십니까? 대단히 유리한 방법이지만, 정부가 안내를 많이 하지 않아서 대부분 가정은 모르는 실정입니다. 그 방법을 알기 쉽게 설명한 설명서를 희망하는 분들에게 보내드리려고 합니다.

→ **이것은 '해결책의 제시' (SO)**

● 이 설명서는 누구에게나 필요한 내용은 아닙니다. 다만 ○○한 사람, ○○한 분, ○○한 사람에게는 도움이 될 것입니다.

→ **이것은 '해결책이 한정적인 사람에게 유용하다는 것을 설명' = 범위 축소 (N)**

● 부수가 모자라기 때문에 지금 바로 신청 부탁드립니다.

→ **이것은 '행동을 일으킴' (A)**

위와 같은 순번으로 이야기하면 상대는 심리적인 불안을 일으켜 그 불안을 잠재우기 위해 행동하게 됩니다. 특히 맨 처음의 P, A, SO의 부분에서 자동으로 심리적인 갭이 일어날 수 있도록 설계되어 있습니다. 즉, 현 상황과 기대의 차이를 넓히게 되는 것입니다. P단계에서는 현 상황을 인식하게 합니다. A에서는 그 상황을 한층 더 오감으로 느끼게 합니다. 그리고 SO단계에서는 다른 현실을 경험할 수 있다는 것을 기대하게 합니다.

그런데 이런 단계의 작업과정을 보고 PASONA가 '고객을 부추기는 마케팅'이라고 성급하게 생각하는 사람들도 있습니다. 하지만 저의 목적은 어디까지나 상대가 안고 있는 **고민을 상대 입장에서 이해하는 것입니다.** 그 과정에서 더 묘사를 잘하고, 명확하게 표현하는 것이 주목적이지, 상대를 공포에 빠뜨리는 것은 목적이 아닙니다. 상대의 입장에 서서 고민을 함께 나누는 것이기 때문에 'PASONA 법칙'은 **감정 마케팅**이면서 동시에 **공감 마케팅, 위로하는 마케팅**이 됩니다.

지금까지는 이 '상대의 입장에 선다'라는 설명이 좀 애매모호하기는 했습니다. 그래서 오해하기도 쉬웠을 테고요. 요즘 제가 의도하고 있는 바는 PASONA에 앞서 깊이 파고드는 것이었습니다. 그런데 너무 깊이 사고의 과정을 넓히고, 형태만 들어간 상황이 초래되어 오해받는 경우가 생겼던 모양입니다.

저의 세미나에 참석하거나 동영상을 보신 분들은 확실하게 공부하고 계시리라 짐작합니다. 사실 'PASONA 법칙'이란 그에 앞서 **'열쇠가 되는 5개의 질문'**에 대한 답을 생각했을 때만 진행할 수 있다는 것을요.

열쇠가 되는 5개의 질문은 제가 예전에 전화 상담으로 연간 2,000여 건의 상담을 받고 있던 시절에 고안해낸 질문으로, 되도록 짧은 시간 안에 효과적인 마케팅 메시지를 끌어내기 위해 상담자에게 던졌던 내용입니다. 코칭을 하면서 필요한 마케팅 메시지를 끌어내기 위한 최소한의 질문 항목이었던 것이죠.

이 5개의 질문은 극적인 효과가 있습니다. 매출이 안 오르는 것은 조직이나 메시지의 오류 때문만이 아닙니다. 판매자 스스로 자신감이 없는 점이 상당한 요인으로 작용합니다. '난 무엇을 해도 안 돼!'라는 셀프 이미지를 가지고 제게 상담 오는 사람들이 그만큼 많았습니다. 자신감을 잃은 사람도 이 5개의 질문을 받으면 자신감을 회복할 수 있습니다.

그러면서 유효한 마케팅 메시지를 찾아낼 수 있게 되는 것이죠.

그 열쇠가 되는 5개의 질문은 다음과 같습니다.

1. 당신의 상품은 한마디로 어떤 상품입니까? 그 특징적인 것을 2개, 20초 안에 설명해주세요.

2. 이 상품을 20초 안에 설명한 것을 듣는 것만으로 "어떻게든 저에게 그 상품을 팔아주세요!"라고 머리를 숙여 부탁하는 손님은 어떤 손님들일까요?

3. 여러 비슷한 회사가 있는데 왜 그 고객은 여러분의 회사를 선택했을까요? 비슷한 상품을 판매하는 회사가 여럿 있는데, 왜 그 고객은 여러분의 회사에서 그 물건을 구매하기로 한 것일까요?

4. 대체 고객은 어떤 장면에서 호통을 치고 싶을 정도의 분노를 느끼고 있을까요? 어떤 상황에서 밤잠을 설칠 정도의 고민, 불안을 느끼고 있을까요? 어떤 일에 자신을 억누를 수 없을 정도의 욕구를 가질까요? 그 분노, 고민, 불안, 욕구를 고객이 느끼는 오감을 활용해 묘사해볼까요?

5. 왜 이 상품은 그 고민을 간단하게 짧은 시간 안에 해결할 수 있을까요? 그것을 듣는 순간 고객은 어떤 의심이 들까요? 그 의심을 날려버릴 구체적, 압도적인 증거는 무엇일까요?

이 5개의 질문에 대한 답을 알면 다음 항목을 실행할 수 있게 됩니다.

① 자신의 상품에 대해 더 깊이 이해할 수 있게 됩니다(대부분 회사는 자사 상품에 대한 지식이 부족합니다).

② 자사의 고객에 대해 더 깊이 이해할 수 있게 됩니다(대부분 회사는 자사 고객에

대한 정보가 없습니다).

③ **자사에 대해 보다 깊이 이해할 수 있게 됩니다**(대부분 회사는 자사의 우수한 점에

대해 잘 모르고 있습니다).

요약하자면, 자기 자신, 그리고 상대를 이해하려 하면 할수록 반응은
높아집니다. 그리고 돈이 벌립니다. 또한, 인간으로서 더 풍요로워집니
다.

반성하지 않으면
안 되는 시기

영웅은 오만해야 합니다. 반성해서는 안 됩니다. 그것이 원리 원칙이 죠. 그런데 한 가지 딱 예외가 있습니다. 오만함을 목표로 돌진하는 것이 중요하지만 어느 순간, **반성하지 않으면 안 되는 시기**가 있습니다. 그것은 언제일까요?

《왜 봄은 오지 않는가?》[57]에서도 썼지만, 인간은 봄, 여름, 가을, 겨울이라는 사계절이 있어 각각 3년의 주기로 12년을 순회합니다. 그 12년이라는 세월 동안 가을의 계절 3년은 지금까지의 활동을 돌이켜 보고 반성해, 그 반성한 부분에서 배움을 얻고 자신이 지금까지 보지 못했던 점들을 취합해 다음 사이클에서 개선해나가는 중요한 시기입니다.

저는 지금 가을의 시기를 보내고 있습니다. 그래서 지금까지의 활동을 돌이켜 보고 이렇게 반성하고 있습니다. 그 반성으로부터 여러분이

---

57) 《왜 봄은 오지 않는가?》 : 간다 마사노리와 레이몽(來夢)이 공동 저술했습니다. 실업지일본사에서 발행했습니다. 천문학자인 레이몽 씨와 함께 인생의 계절 사이클 '봄, 여름, 가을, 겨울 이론'을 소개한 책입니다.

어떤 점들을 깨닫기를 원하느냐 하면, 실천회의 방법을 단순히 표면적으로만 이해하지 않기를 바란다는 점입니다. 실천회 방법에서 착각하기 쉬운 점을 의식해 더욱 이해를 깊게 해주었으면 합니다.

죄와 벌 4. 영주 세일즈는 고객을 거만하게 대하는 것?

이 **'영주 세일즈'**[58]라는 방법에 대해서도 저는 어떤 의미에서 잘못을 저지르고 말았습니다. '영주'라는 상당히 임팩트 있는 표현을 써서 **'고객에게 좀 거만하게 대해도 좋다!'**라고 착각하는 사람들을 양산하게 된 것입니다. 그런데 거만이라는 표현이 왜 나오게 된 것일까요? **사실은 저 자신이 거만해지는 것이 목표이기 때문이었습니다. 그러기 위해 노력하고 있고요.**

그런데 실제 저의 모습은 전혀 거만하지는 않습니다. 저와 직접 이야기를 나누어본 사람들은 이렇게 말합니다. "간다 마사노리 씨는 사람이 참 상냥하고 좋네요!" 이런 제가 왜 거만해지는 것을 목표로 삼고 있을까요? **거만이 좋은 비즈니스 모델이기 때문**입니다. 고객에게 부탁만 한다면 '만만한 마케팅'이 되고 맙니다. 절대로 고수익을 얻는 기업이 될 수 없습니다.

어느 차의 코팅을 주로 하는 회사 잡지 광고에 이런 대단한 표현이

---

58) 영주 세일즈 : '자신에게 걸맞지 않은 고객은 빨리 선을 긋고 다른 고객에게 어필하는 것이 더 효율적'이라고 하는 마케팅 방법입니다. 간다 마사노리의 《비상식적인 성공법칙》을 참고하세요.

있었습니다. 그 회사는 20년 이상 팔고 있는 차를 신차 이상으로 빛나게 하는 기술이 있던 회사였습니다. 그 회사가 잡지 광고에서 썼던 표현은 다음과 같습니다.

"우리 공방은 개발자이자, 여행자이고, 예술가로서 아직 만나지 못한 친구와의 만남을 주선하는 공방으로 활동하고 있습니다. **뭔가 아는 척하는 것 같은 태도를 가진 분은 시공은커녕 대화조차 허용하지 않습니다.**"

중요한 표현이기 때문에 다시 반복해보겠습니다. '뭔가 아는 척하는 사람과는 대화조차 하지 않는다'라니요. 얼마나 멋진 회사입니까! 여기까지 듣는다면 고객은 어떤 생각을 할까요?

'우아, 엄청난 자신감! 그만큼 품질이 뛰어나다는 건가?', '도저히 값을 깎을 수는 없겠지?' 이렇게 생각하고 매장에 전화를 걸었을 때는 "해줄 수 없을까요?"라고 100% 부탁하는 입장이 될 것입니다.

거기에 매장에서 '해줬다'라는 경험을 한 후에는 "나는 ○○○○(회사명)의 고객이다"라는 것을 자랑하게 됩니다. 그러면서 회사의 이익은 상승하고 입소문은 더 퍼지게 되겠죠. 《60분간·기업일류화프로젝트》에서도 쓴 적이 있지만, **고객에게 선택받으려면 고객을 선택할 수밖에 없습니다.** 어디까지나 <u>고수익을 내는 기업으로 가기 위해서는 거만한 태도로 가야만 합니다.</u> 위의 광고 문구는 그 사실을 명확하게 보여주고 있습니다. 상당히 좋은 사례입니다. 괜히 읍소하거나 아부하는 것보다 거만한 것이 고객의 존경을 얻어낼 수 있습니다.

그런데도 많은 회사가 애매모호한 태도를 취하며 고객으로부터 할인

요구를 받고, 다른 회사와 비교당하고 있습니다. 그런 상황을 변화시키기 위해 '오해받을 것을 각오하자'라는 생각으로 '영주'라는 표현을 썼던 것입니다. 하지만 영주라는 표현을 문자 그대로 이해해 고객 위에 군림하는 것이라고 착각하는 사람들이 더러 있습니다. 그것은 단순한 해석이고 오해입니다.

그렇다면 '영주 세일즈'의 본질은 대체 무엇일까요? 영주 세일즈의 본질은 고객을 향해 대단한 척을 하는 게 아닙니다. **고객을 대할 때 중립의 입장에 서서 평등하게 대하는 것**이 본질입니다. 고객에게 '우리 회사는 고객의 노예다'라는 입장에서 탈피해 **평등한 친구로서 입장을 회복**하는 게 중요합니다. 노예가 아니라면 여러분은 고객에게 아첨할 필요도 없고, 괜히 등칠 생각을 할 필요도 없습니다. 거짓 웃음을 지을 필요도 없죠. 배신당할 염려도 없습니다. 고객과 친구가 된다는 것은 상대를 평등하게, 공평하게 존경하면서 상대로부터도 존경을 끌어낸다는 의미입니다.

상대를 존경하고 상대로부터 존경받는다는 '영주 세일즈'는 실은 **'공감 세일즈', '위로하는 세일즈'**입니다. 이 '위로'는 전 요코하마국립대학교 교수인 호리노우치 다카히사(堀之内高久) 선생님에게서 배운 개념입니다. 여기서 말하는 '위로'란 대체 무엇일까요? 그것은 바로 **고객의 존재 자체를 인정하는 것**입니다. 이해를 돕기 위해 호리노우치 선생님으로부터 배운 내용을 간단히 설명하겠습니다.

인간관계에는 부모(페어런트)와 자녀(차일드)의 두 입장이 존재합니다. 그리고 사람은 누구나 부모 입장과 자녀 입장 두 가지를 모두 가집니다. 부모 타입을 먼저 자세히 살펴보면, '보호 P(페어런트)'와 '권위 P'라고 하는 두 가지로 구분됩니다. 즉, 보호하는 부모가 있고, 권위를 주장하는 부모 유형 두 가지가 있다는 뜻입니다. 자녀에게도 '의존 C(차일드)'와 '자연 C'의 두 가지 유형이 존재합니다. 각각의 관계는 부모의 권위에 의존하는 자녀, 부모의 보호에 자연스럽게 따라가는 자녀라는 도식이 성립합니다.

지금까지의 세일즈, 즉 영업을 담당하는 영업맨은 자녀에 속했습니다. 영업맨의 자녀 부분은 권위에 대해 순종하고 따라가는 형태였죠('보호 P'와 '의존 C'의 관계). "가르쳐주십시오!", "고객님이 최고입니다!", "남자로 해주세요!"라는 대화 내용은 고객의 '보호하고 싶다'라는 기분에 대해 영업맨이 마치 자녀처럼 행동하는 것이 성립된다는 것을 보여줍니다.

따라서 언제나 머리를 숙여 '저는 아무것도 모릅니다'라는 태도로 일관하는 것이 영업맨에게는 이익을 가져다줍니다. 이런 인간관계가 성립되어 있으므로 갓 입사한 신입사원이나 영업 신참인 여성의 영업실

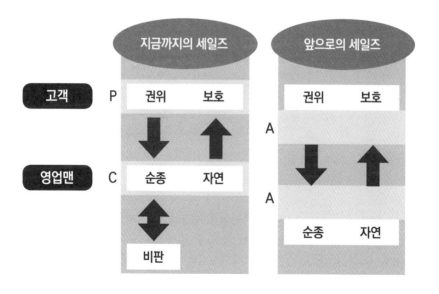

적이 좋을 수 있습니다. 하지만 이 경우는 영업실적을 꾸준히 얻기 위해서는 **영원히 자녀의 역할을 수행해야만 합니다.** 그래서 입사한 직후에는 실적이 좋지만, 경력이 길어지면 슬럼프에 빠지게 됩니다.

그런데 말이죠. 경력이 쌓여가는데 언제까지나 자녀의 역할을 하고 있다는 것은 좀 바보같이 느껴지지 않습니까? 40대, 50대가 되어서도 자녀의 역할을 하는 영업맨이라니, 그렇게라도 해서 회사에 붙어 있고 싶으신가요?

'자녀의 역할'에만 계속 머물러 이익을 취하는 영업법을 하고 있으면 절대로 평등한 인간관계를 형성할 수 없습니다. 그사이 고객은 권위를 내세우기 시작할 것입니다('권위 P'). 그렇게 되면 자녀는 어떻게 될까요? 당연히 반항하게 되어 있습니다. '자연 C'였던 자녀가 '반항 C'로 변하게 됩니다. 즉, **"계속 맞춰주니까 기고만장해서 말이야!"**라고 자녀 역할을 하고 있던 영업맨이 갑자기 돌변하게 됩니다. 그 결과, 지금까지 무리하게 이어왔던 인간관계가 붕괴되고 마는 것이죠. 영업맨의 경우만 그런 것은 아닙니다. 세상의 '보호 P'와 '의존 C'의 관계는 거의 대부분 이렇게 붕괴되는 수순을 밟습니다.

지금까지의 영업법에서는 대부분의 영업맨들은 자녀처럼 행동하며 순종하는 '의존 C'를 연기하고 있었습니다. 자기 자존심을 억누르며 깎일 수밖에 없는 인간관계를 만들어버립니다. 하지만 그런 방법으로는 장기적인 관점에서 영업맨으로서의 교류 관계 또는 친분을 깊이 있게 만들기는 어렵습니다. 이러한 고객의 생애 가치를 높이는 모순된 영업법을 근본적으로 바꾸는 것이 바로 영주 세일즈입니다. '영주 세일즈'는 부모도 아니고 자녀도 아닌, 중심에 있는 '어덜트'라는 부분을 움직이게 합니다.

여기서 '어덜트'는 '성숙한 어른'을 뜻합니다. 반발심을 불러일으키거나 의존하는 관계를 만들지 않으려면, 한가운데 중심에 있는 '어덜트'라는 부분을 키워나가는 것이 중요합니다. '어덜트' 부분은 자녀에게도, 부모에게도 존재합니다. 자녀가 부모의 말을 듣지 않을 때는 어덜트를 향해 말을 걸면 자녀의 닫혔던 귀가 열리기 쉬워집니다. 구체적으로는 자녀를 향해 침착한 목소리로 눈을 똑바로 바라보면서 이렇게 말을 건넵니다.

"이것은 하면 안 되는 행동이야. 너는 그것을 잘 알고 있지?"
"아빠는 네가 그런 행동을 해서 슬퍼."

이런 방식으로 상대의 성숙한 어른의 부분을 향해 말을 건네면, 자녀도 차분해지면서 감정적으로 반발하는 일이 사라집니다. 호소력 깊은 언어가 마음을 움직이게 하는 것이죠.

이것이 만약 '권위 P'의 입장에서 윽박지르는 상황이 되면 어떻게 될까요?

"부모를 대하는 태도가 그게 뭐야?"
"아빠가 안 된다고 했으면 안 되는 거야!"

이렇게 되어버립니다. 상황이 이렇게 되면 부모의 권위는 그 순간 영향력을 잃게 됩니다. 이것은 직장에서도 마찬가지입니다.

"상사가 하는 말이 귀에 안 들려?"

"자꾸 변명하지 마! 상사의 명령이야!"

이렇게 권위를 내세우는 순간, 상사로서의 존경심은 땅에 떨어집니다. 일시적으로 혼란을 잠재울 수는 있을지 모르지만, 장기적으로 봤을 때는 치명적인 행동을 한 것입니다.

서로의 신뢰관계, 서로의 평등, 같은 레벨 수준에서 이야기를 건네면 장기적으로 돈독한 신뢰관계가 형성됩니다. 이렇게 "'어덜트'를 일하게 하는 것"으로 신뢰관계를 쌓는 것은 **상대의 인간성 그 자체를 인정하는 것**이 됩니다.

그러면 영업할 때 '상대의 인간성 그 자체를 인정'하려면 어떻게 해야 할까요? 상대에게 내가 팔고자 하는 상품의 결점을 말하면 상대는 귀를 기울이지 않을 게 분명합니다. 왜 그럴까요? 고객이 만족할 만한 거래조건을 전부 밝히고, 그것을 충족시켜주겠다는 제안을 먼저 대전제로 하기 때문입니다. 원하는 조건이 나열되어 있다면 사지 않을 고객은 없을 것입니다. 그러니까 계약의 성사 비율도 올라가는 것일 테고요. 하지만 그 단계까지 끌고 가려면 고객이 계속 상품에 대한 흥미가 있어야만 합니다. 그래서 '영주 세일즈'는 감정 마케팅으로 흥미가 생긴 고객에게 손을 내밀어 주십사 하는 제1단계의 다음 과정에서 엄청난 위력을 발휘하게 됩니다.

불변의 마케팅

죄와 벌 5. '21일간 감동 프로그램'은 반드시 해야 하나?

이번에는 '21일간 감동 프로그램'에 대해 설명하겠습니다. '21일간 감동 프로그램'은 신규 고객을 끌어들이고 그 후 21일이라는 시간 사이에 적어도 세 번, 고객과 교류하게 되면 고객 유출의 확률이 확연히 떨어진다는 내용입니다. 고객 유출이 방지되면 상품의 구매 단가도 오르고, 구매 횟수도 오르는 방법입니다.

이 방법은 상당히 효과적인 영업 방법임에 틀림이 없습니다. 하지만 그렇다고 이 방법만 실행한다고 해서 무엇이든 매출이 오른다는 것도 아닙니다. '감사장을 돌려서 뭔가 선물이라도 하면 되지 않을까?' 이렇게 생각하고 있는 사람도 제법 많습니다. 제가 "21일을 시스템적으로 계획하는 것이 중요합니다"라고 강조했더니 오해를 불러일으킨 모양입니다. 그 지점에 대해서 역시 반성합니다. 좀 더 우선순위를 고려해 설명해야 했는데 말이죠. 기업에 따라서는 '21일간 감동 프로그램'보다 더 우수한 활동이 있을 수 있기 때문에 반드시 기업이 행해야만 하는 프로그램은 아닐 수 있습니다.

그럼 실제로 저에게 지금 '21일간 감동 프로그램'을 하고 있냐고 물어보신다면, 그렇지 않다고 말씀드립니다. **좀 더 정확히 말하면, 하고 싶지 않습니다.** 이렇게 말씀드리면 당연히 "말하는 것과 행동하는 것이 전혀 다르군요!"라고 비판받을 수 있다고 생각합니다. 하지만 그렇게 비판하기 전에 제 말을 좀 더 들어보시길 바랍니다.

만약 제가 돈이 없어서 최소의 마케팅 비용으로 최대 수익을 얻기 위해서라면 '21일간 감동 프로그램'을 확실하게 수행할 것입니다. 하지만 저의 경우, '21일간 감동 프로그램'에 에너지를 사용하는 것보다 책 한 권이라도 더 집필해서 더 많은 책을 쓰는 일에 에너지를 쏟는 게 고객을 늘리는 데 효과적입니다. 그리고 회원들에게 더 깊이 있는 노하우를 전수하는 데 시간을 쓰는 것이 저의 사명이라고 할 수 있습니다.

'21일간 감동 프로그램'을 하면서 고객의 유출률이 10% 정도 개선됐다고 생각합니다. 하지만 우리 회사 입장에서 우선순위가 높은 일은 아니었습니다. 그 대신, **'21일간 감동 프로그램'을 쓰지 않고도 생애 가치가 올라가는 조직**을 구축했습니다. 그것이 제가 CD 세미나를 시작한 이유입니다(보통 회사의 경우, 정기택배 프로그램이라고 볼 수 있습니다). 그러니까 여러분의 회사에서도 우선순위가 무엇인지 먼저 고민해보시길 추천합니다. 일반적으로 대개의 회사는 고객의 유출률을 내리는 것으로 수익이 극적으로 개선됩니다. 어떤 형태의 회사든 '21일간 감동 프로그램'은 효과적일 것입니다.

하지만 그것보다 중요한 것은 뉴스레터의 발행입니다. 뉴스레터를 발행하는 것으로 고객의 생애 가치는 확실하게 올라갑니다. 그렇게 한 후에 여유가 좀 있다면 '21일간 감동 프로그램'을 실행하는 게 좋습니다.

그러는 사이 혹시나 '감사장을 보내는 게 효과적이다'라고 단순하게 생각하지는 말아주셨으면 합니다. 어디까지나 어떻게 하면 **우리의 고객을 기쁘게 만들 수 있을까** 하는 관점에서 회사가 어떤 방식으로 움직이면 좋을지를 판단하는 게 좋습니다. 그 결과로 '생각지도 못한 선물'을 하는 것이 중요할 수도 있습니다. 또는 업종에 따라 '빨리 견적서를 제출하는 것'이 고객을 기쁘게 하는 일일 수도 있습니다. 우리의 고객이 어떤 행동을 했을 때 기뻐하고, 만족감이 높아질지를 기업들은 자기 상황에 맞춰서 잘 판단해야 합니다.

죄와 벌 6. 직접 팔지 않고 스텝을 많이 밟을수록 효과적인가?

마지막으로 반성하고 싶은 것은 '투 스텝 마케팅'[59]이라고 하는 기법입니다. 이 방법도 회원들에게 오해를 불러일으켰던 모양입니다. 그렇다면 어떤 오해였을까요? '어쨌든 빨리 팔면 안 된다'라는 오해였습니다. 그랬더니 제품을 팔 궁리도 하지 않고 투 스텝, 아니 쓰리 스텝, 포 스텝까지 장기적인 스텝을 고민하는 회사까지 있었습니다. 그냥 팔면 되는데 굳이 설문지 항목을 만들거나, 카탈로그가 있는데도 새로운 카탈로그를 또 만들어서 영업맨과의 미팅을 괜히 기다리게 하고, 그 후에 계약을 성사하려고 하는 등 긴 여정을 만듭니다.

물론 그렇게 스텝을 구상하다가 자동으로 진행하는 에스컬레이터가 작동하는 경우도 있긴 합니다. 하지만 안타깝게도 스텝을 밟으면 밟을수록, 그 어떤 훌륭한 상품일지라 하더라도 고객 입장에서는 <u>손을 뻗는 것 자체가 괜한 노력</u>이 되어버립니다. 아무리 좋아하는 상품이 있다고 할지라도 **손을 뻗으면 되도록 빨리 계약을 성사**시키는 것이 중요합니다. 예를 들어 사귀는 여자가 자기 집 현관문을 열어서 안에 들여보내 주었다면 "다음은 영화를 언제 보러 갈래?"라고 말하는 게 아니라, 여자 옆에

---

59) 투 스텝 마케팅 : '희망 고객 만들기' → '계약 완료'라는 과정을 밟는 마케팅 기법입니다. 희망 고객 만들기를 위해 필요한 장치는 카탈로그, 설명회, 염가상품, 샘플 상품 등의 '프론트엔드'가 있습니다.

가까이 다가가 손을 잡는 게 더 급선무 아니냐는 것입니다. 그 지점에서 괜히 망설이면 안 되겠죠!

《60분간·기업일류화 프로젝트》에서도 쓴 것처럼, <u>고객이 소비할 때까지 감정이 움직이는 과정과 구매하는 과정을 일치시키는 게 중요한 원리 원칙</u>입니다. 꼭 여러 단계의 과정을 거쳐서 구매를 유도할 필요가 없는 것입니다.

마케팅에서 제일 돈이 많이 드는 것은 광고를 통해 상대가 제품에 손을 뻗게 만드는 것입니다. 광고로 상대가 손을 뻗는 비율을 개선하고 그 뒤에 시뮬레이션을 돌려보면 사실 별 차이가 없다는 것을 알게 됩니다. 손을 뻗은 다음에는 **되도록 빨리 계약서에 사인하게 만들어야 합니다. 도장을 꾹 찍어 누르는 것이죠.** 괜히 투 스텝, 쓰리 스텝을 밟을 필요가 없습니다.

지금까지 제가 반성한 것을 이야기했습니다. **구부러진 가지를 교정하려면 반대 방향으로 구부려야 합니다.** 여태까지 마케팅이든, 세일즈든 잘못된 방법론이 팽배해 있었습니다. 그래서 더욱 그 굴레에서 벗어나기 위해 더 극단적인 표현을 즐겨 써왔고, 그러면서 오해도 일부 있었습니다.

제가 써온 책들은 100만 부 이상 팔리고 있습니다. 그 100만 독자 전원이 제가 쓴 내용을 오해하지 않고, 제대로 이해해주길 바라는 것은 어쩌면 무리일지 모릅니다. 하지만 100만 독자 중에서도 우리 실천회 회원들, 그러니까 0.4%에 해당하는 4,000명의 회원들은 나무가 자라는 표층만 아닌, 뿌리 깊은 곳까지 이해해서 순조로운 성공을 목표로 하기를 간절히 바랍니다.

저자가 되고 싶은 분은
'그루병'에 주의!

요즘 시대는 실력 있는 저자들을 많이 원하고 있습니다. 그를 위한 토양도 비옥하고, 도전정신에 넘치는 사람도 엄청나게 생겨나고 있습니다. 예전에 '마법의 문장강좌'라는 세미나를 할 때 저는 그 사실을 확신했습니다. '마법의 문장강좌'는 책을 쓰고 싶은 사람들을 대상으로 했던 강의입니다. 고백하자면, 이 세미나가 개최할 때 저는 긴가민가했습니다. '이런 세미나를 들으러 올 사람은 별로 없겠지?'라고 생각했습니다. 그런데 저의 예상을 뒤집고 하루 만에 200개의 좌석이 다 차버릴 정도로 성황이었습니다. 저는 그 숫자를 듣고 혹시나 DM 내용에 착오가 있었던 것은 아닌지 몹시 걱정했습니다.

"큰일났네. 혹시 DM 내용이 명확하지 못했던 것은 아닐까? 그냥 문장강좌인데 '매출을 올리는 세일즈 메일 쓰기 방법' 뭐 이런 것으로 착각한 게 아닐까? '전단을 잘 쓰는 세미나' 이렇게 오해한 것은 아닐까?"

그래서 저는 강좌 당일이 되자 강의를 시작하기 전에 참가자 전원에게 확인해봤습니다.

나	: "저기 오늘 세미나 말인데요. 여기 오신 여러분은 오늘 왜 오셨습니까? 혹시 전단이나 세일즈 메일을 쓰기 위한 세미나로 착각하신 것은 아닌가요?"
참가자	: (조용)
나	: "전단이나 세일즈 메일에 관한 세미나라고 생각하고 여기 참석하신 분들은 손을 들어주세요."
참가자	: (조용)
나	: "그러면 무엇을 바라고 여기 오신 건가요?"
어떤 참가자	: "베스트셀러 책을 쓰기 위한 방법을 배우러 왔습니다."
나	: "정말입니까? 베스트셀러 책을 쓰기 위해 오신 분, 손을 들어주세요."
참가자	: (전원 손을 들었습니다!)

저는 정말 매우 놀랐습니다. 200명이나 되는 사람들이 베스트셀러 작가가 되기 위해 저의 세미나를 들으러 왔다니요. 게다가 기업의 사장, 경영자들이 작가가 되려고 마음먹었다니 놀라울 뿐이었습니다. 지금까지 생각도 못 해본 현상이었고, 이런 움직임이 있다는 것을 아직 출판계, 서점 유통업계는 모르는 것 같았습니다.

저는 이러한 현상을 서점에 전달했습니다. 예전에 어떤 출판사의 창립기념일에 기조연설을 했던 적이 있습니다. 그때의 주제가 '서점이야말로 일본을 변화시키는 힘이 있다'였습니다. 그때 300여 개가 넘는 서점의 경영자들이 모였는데, 저는 몇 마디 건네며 예언했습니다. 그중 하나가 '새로운 저자들이 넘치는 시대의 도래'였습니다. 서점은 기대감에 차 있더군요.

책을 내면 단숨에 성공할 수 있습니다. 당연히 그에 상응하는 안 좋은 면도 따라오기 마련이죠. 대부분 저자가 그루병[60]에 걸립니다. 그루병은 뭘까요? 책이 팔리면 자기 자신이 위대하다고 착각하게 됩니다. 주변에서 "선생님", "선생님!"이라고 불리면서 원래 하고 있던 본업이 흔들립니다.

그런 리스크 때문에 자기관리가 무척 중요합니다. 자기관리가 되는 사람, 본업을 확실히 붙잡고 부하직원에게 회사를 맡겨도 잘 굴러가는 사람은 책을 써도 됩니다. 그러면 지금까지 살면서 자신이 획득한 지혜를 사회에 환원할 수 있습니다. 그렇게 전달한 지혜는 몇 배의 결과로 돌아오게 됩니다. 여러분이 '책을 쓰고 싶다'라고 마음을 먹었다면 꼭 그 목표를 노트에 적어보시길 바랍니다. 꿈은 반드시 이루어지는 것[61]이니까요.

---

60) 그루 : 산스크리트어로 '지도자'라는 뜻입니다.
61) 꿈은 반드시 이루어지는 것 : 카츠마 카즈요(勝間和代) 씨를 비롯해, 간다 마사노리에게 영향을 받아 베스트셀러 작가가 된 사람들이 다수 있습니다.

성공의 법칙은
있다

마케팅 톱 1%의 진의는?

실천회에 대해 어떤 회원이 재미있는 질문을 해왔습니다. 어떤 질문이었느냐 하면, "마케팅 톱 1%라고 하는 것은 어떤 의미인가요?"라는 것이었죠. 질문을 받고 처음으로 '마케팅 톱 1%라는 것만으로는 설명이 좀 부족하구나'라고 느꼈죠.

마케팅 톱 1%라는 것은 대체 어떤 의미일까요? 설명해보겠습니다. 간단히 말씀드리면 다음과 같은 것입니다.

마케팅의 지혜라는 것은 사실 극소수의 사람, 즉 **1% 정도에 해당하는 사람만이 활용할 수 있습니다.** 그런데 그 1%의 사람이 시장에서 대성공합니다. 그 성공으로 세상에 큰 **영향력을 미치게 되죠.** 진짜 정보를 입수해 그것을 형태로 만들어가는 것은 불과 몇 사람에 지나지 않습니다. '그 몇 사람이 됩시다' 하는 것이 '마케팅 톱 1%'가 품고 있는 의미입니다.

사실 진짜 정보는 어느 시대에나 존재합니다. 그 정보는 모든 사람에게 공평하게 전달되고 있죠. 예를 들어 이 책에 쓰고 있는 내용도 100년도 훨씬 전부터 일부 사람들에게만 공유되고 있던 다이렉트 마케팅의 지혜를 근간으로 하는 것입니다. 즉, 백지 상태에서 갑자기 현재 개발된 지혜가 아니라는 것이죠. 성공한 사람들은 이미 알고 있는, **당연한 지혜**인 것입니다.

당연한 지혜, 그리고 모든 사람에게 공평하게 전달되고 있는 지혜임에도 보통의 대부분 사람은 그 중요성을 잘 깨닫지 못합니다. 진짜 노하우라는 것은 대체로 알고 나면 당연한 말들입니다. 하지만 그 당연한 말에서 가치를 찾아내는 사람은 한정되어 있는 것입니다.

비슷한 상황이 인생의 성공법칙에도 있다

'인생에 성공법칙이 있을 리가 없지 않나요?'라고 생각하실 수도 있습니다. 사실 저도 예전에는 '인생에 성공법칙이라니, 그런 것은 없어', '그런 것은 개인의 역량에 따른 거겠지'라고 생각했습니다. 그런데 인생에는 성공의 법칙이 있긴 하더군요.

지금으로부터 10년 전 저는 실업자였습니다. MBA를 따고 입사한 컨설턴트 회사에서 3개월 만에 잘리고 말았습니다. 충격을 받아 상당한 우울감에 빠져들었죠. 일을 구하려고 노력했지만 잘 구해지지 않았습니다. 외국계 회사에 면접을 보러 갔더니 "당신은 조사만 잔뜩 한 경험만 있지, 물건을 팔아본 경험은 없네요?"라는 말도 들었습니다. "자네, 뭔가 인생 잘못 가고 있는 거 아닌가? 보니까 인생 설계에 일관성이 없구만!" 이런 이야기까지 들었습니다. 완전히 자신감을 잃었던 시기였습니다. 그런 시기에 이끌리듯 들어간 곳이 긴자의 어느 서점이었습니다.

빨려 들어가듯 책 하나를 손에 집어 들었습니다. 바로 '머피의 법칙'에 관한 책이었습니다.

"잠재의식이라는 것은 **축음기가 레코드를 울리는 것**과 같은 이치입니다. 즉, 생각하고 있는 것이 그대로 잠재의식에 각인되는 것이죠. 그리고 그 상태 그대로 현실에 일어나게 됩니다."

머피의 법칙은 몇 권이나 시리즈로 나오고 있어서 어느 책의 어느 부분에서 저 구절을 읽었는지는 정확히 기억이 나지 않지만, 그런 내용이 쓰여 있었다는 것은 분명히 기억납니다.

저는 그 구절을 읽고 엄청난 충격을 받았습니다. '아, 그랬구나!' 갑자기 모든 것이 스르르 녹아내리기 시작했습니다. 생각해보니 저는 계속 해고되는 것만 두려워하고 있었던 것입니다. 제가 다녔던 컨설턴트 회사는 제가 입사한 시기에 실적이 썩 좋지는 않았습니다. 회사 규모가 축소될 거라는 소문도 무성했죠. 저와 동시에 세 사람이 입사했지만, 그중에서 경험이 제일 부족했던 것은 저였습니다. 저는 '제일 먼저 해고되는 것은 나잖아'라고 생각하고 있었죠. 학력은 좋았지만, 경험이 없었으니까요. 이런 식으로 계속 해고되는 두려움만 생각하고 있었더니 저의 잠재의식에 각인된 것입니다. 그리고 현실에서 그대로 이루어졌던 것이죠.

'아, 내가 해고된 것은 스스로가 원했던 것이구나'라는 것을 깨닫게

　　　　　　　　　　　　　불변의 마케팅

됐습니다. 생각한 것이 그대로 현실화 되는 것. 정말로 현실이 된 것이었습니다. 사람의 생각이라는 것이 그만큼 강력합니다. '그래! 이것이 인생의 법칙이구나!' 그제야 이 단순한 진리를 알게 된 것입니다. 이 깨달음으로 저의 인생은 크게 달라졌습니다.

제가 해고됐던 당시의 연봉은 700만 엔이었습니다. 해고된 이후, 새로운 일을 찾으면서 저는 이렇게 생각했습니다. '전의 연봉보다 올려받아서 800만 엔 정도 받게 되면 성공한 것이겠지?' 이랬던 생각을 고쳐먹었습니다. '잠재의식에 각인된 것이 현실화가 되는 거라면…, 만약 그게 진짜라면 굳이 800만 엔에 만족할 필요는 없잖아?' 그래서 저는 **종이에 쓰기 시작했습니다.**

"난 연봉 1,000만 엔을 받을 수 있는 일을 찾았습니다."

그러고 나서 약 한 달 후 어느 외국계 회사로부터 입사를 통보받았습니다. 연봉의 액수를 보니 딱 1,000만 엔. 1엔의 오차도 없는 금액이었습니다. 이것은 실화입니다.

이 책은 성공을 위한 자기계발을 목적으로 쓰인 것이 아닙니다. 그러므로 더 깊이 있는 내용을 다룰 생각은 없지만, 성공법칙에 대해 더 궁금하신 분들은 나폴레온 힐(Napoleon Hill)의 《사고는 현실화한다》라는 책을 참고하거나 '머피의 법칙'에 대해 쓰인 책을 읽어보시길 바랍니다.

인생의 성공법칙과 마찬가지로 마케팅의 성공법칙도 실제로 존재합니다.

그 **성공법칙이란, 시대에 따라 요리조리 변하는 것이 아닙니다. 100년, 아**

니 수천 년이 지나도 잘 변하지 않는 법칙입니다. 성경을 읽다 보면 성공법칙은 아무렇지 않게 회자됩니다. 성공법칙은 우리 눈앞에 둥둥 떠다닙니다. 그것을 알아차리느냐, 못 알아차리느냐, 그 차이일 뿐입니다.

실천회의 정보도 우리 눈앞에 있습니다. 같은 정보, 같은 업계, 같은 업종의 경영자들이 받아들이는 데에도 두 종류의 반응으로 갈라집니다. 그중 한 부류는 '아, 그렇구나. 이렇게 실천하면 되는구나', '이런 이해하기 쉬운 방법은 라이벌 회사가 몰랐으면 좋겠는걸'이라고 생각합니다.

다른 부류는 어떨까요? 그들은 제가 1시간이 넘게 구체적으로 설명을 드려도 "아, 그렇습니까? **뭔가 더 좋은 방법이 있다면 다음에 또 알려주세요**"라면서 괜히 웃습니다. 좋은 방법은 이미 당신 눈앞에 있는데도 말이죠. 그것을 깨닫지 못하고 고생하고 있다는 것을 아직 모르고 있습니다. 같은 회사, 같은 업계 안에서도 그 정도의 괴리감이 늘 존재합니다. 여러분은 어디에 속해 있나요?

불변의 마케팅

불변의 마케팅
The Eternal Marketing

제1판 1쇄 2023년 3월 30일
제1판 3쇄 2023년 11월 6일

지은이 간다 마사노리
옮긴이 이수미
펴낸이 한성주
펴낸곳 ㈜두드림미디어
책임편집 배성분
디자인 김진나(nah1052@naver.com)

㈜두드림미디어
등 록 2015년 3월 25일(제2022-000009호)
주 소 서울시 강서구 공항대로 219, 620호, 621호
전 화 02)333-3577
팩 스 02)6455-3477
이메일 dodreamedia@naver.com(원고 투고 및 출판 관련 문의)
카 페 https://cafe.naver.com/dodreamedia

ISBN 979-11-966048-3-7 (03320)